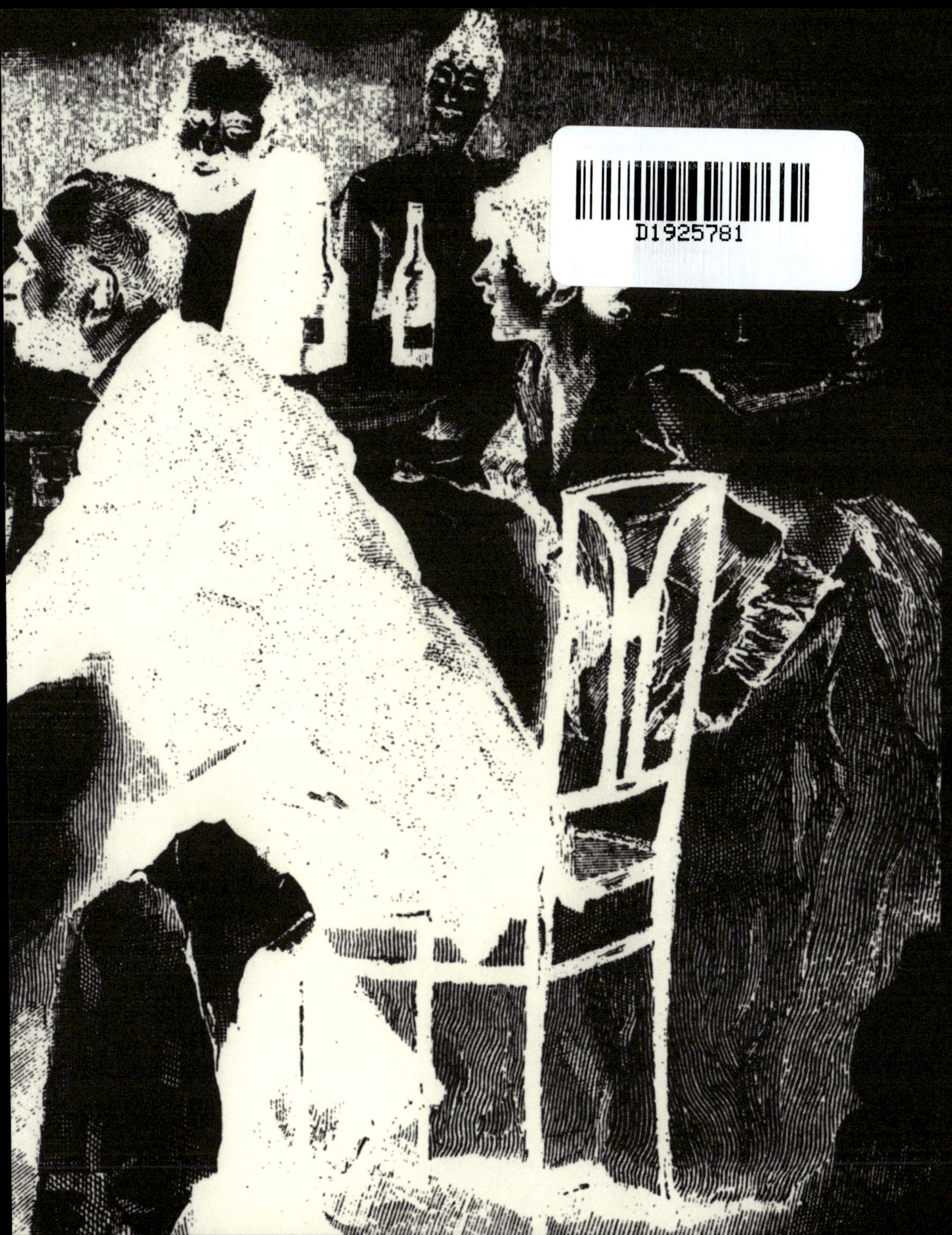

Schwäbische Küche

Schwäbische Küche

Regionale Küche mit Tradition

von Gerhard Zisler

KOMET
Edition Kock

Sonderausgabe für Karstadt Warenhaus GmbH
www.karstadt.de

Gesamtherstellung: KOMET Verlag GmbH, Köln
ISBN 3-89836-566-2

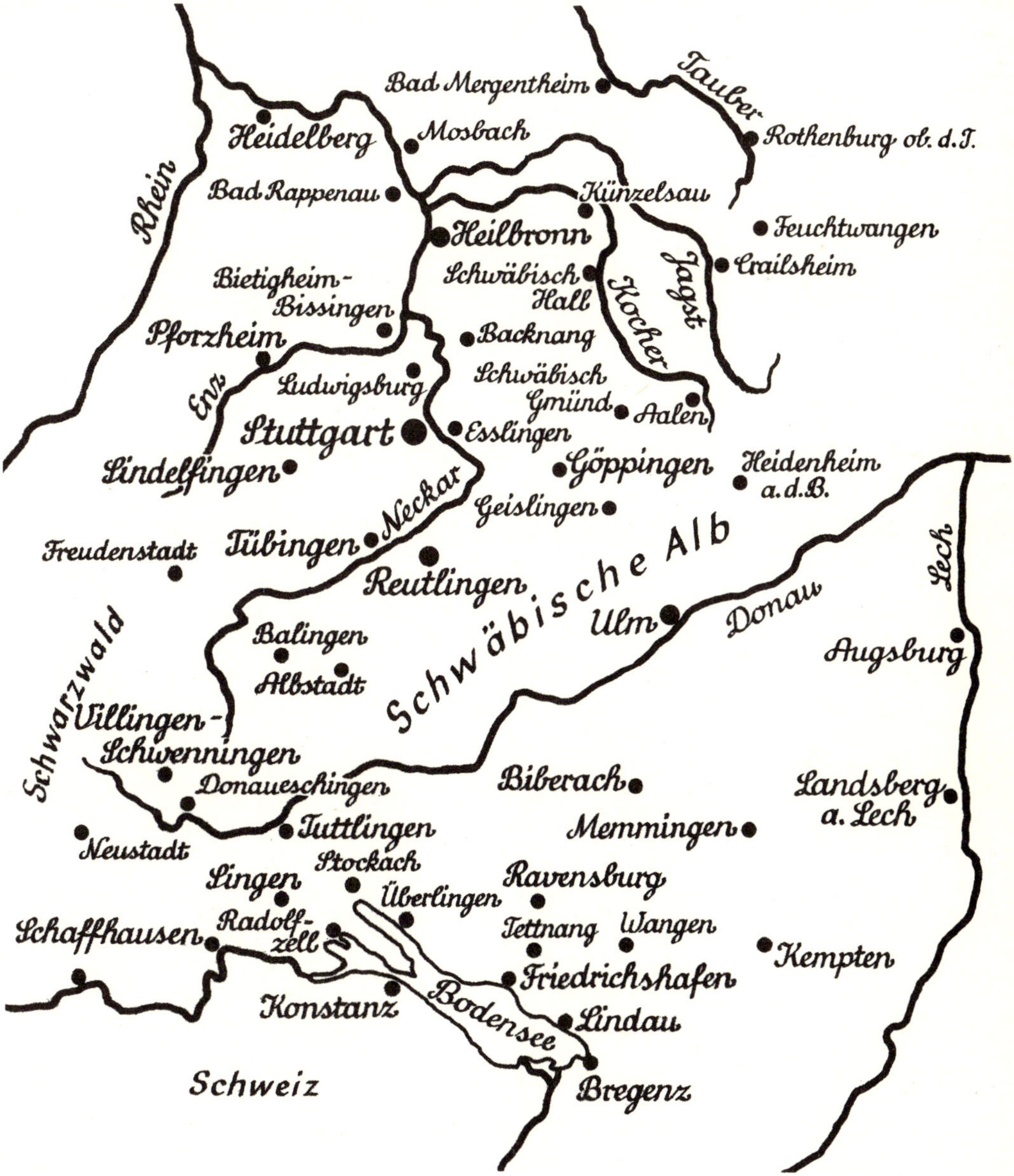

Rhein
Bad Mergentheim
Tauber
Heidelberg
Mosbach
Rothenburg ob. d. T.
Bad Rappenau
Künzelsau
Heilbronn
Feuchtwangen
Jagst
Crailsheim
Bietigheim-
Bissingen
Schwäbisch
Hall
Kocher
Pforzheim
Backnang
Enz
Ludwigsburg
Schwäbisch
Gmünd
Aalen
Stuttgart
Esslingen
Lindelfingen
Göppingen
Heidenheim
a. d. B.
Neckar
Geislingen
Freudenstadt
Tübingen
Schwäbische Alb
Lech
Reutlingen
Ulm
Donau
Schwarzwald
Balingen
Augsburg
Albstadt
Villingen-
Schwenningen
Biberach
Landsberg
a. Lech
Donaueschingen
Tuttlingen
Memmingen
Neustadt
Stockach
Singen
Ravensburg
Überlingen
Radolf-
zell
Tettnang
Wangen
Schaffhausen
Kempten
Friedrichshafen
Konstanz
Bodensee
Lindau
Schweiz
Bregenz

Vorwort

Mehr sein als scheinen, dieser Sinnspruch paßt auf die Schwaben in besonderem Maß. Nie würde der Urschwabe mit dem protzen, was er erreicht hat oder besitzt. Im Gegenteil, er wird es immer gern zu verbergen suchen. Gewiß, als Handwerksmeister kann er sich einen Wagen mit dem Stern „scho leischde", aber im Zweifel nimmt er dann die Dieselversion, damit ihn die Nachbarn nicht für einen Verschwender halten.

Der Schwabe hat ein zwiespältiges Wesen. Er kann über einer Sache bis zur Verbohrtheit grübeln. Wo sonst in Deutschland entstanden soviele Sekten wie zwischen Bodensee und Neckar? Wer könnte die Kardinalfrage, ob in die Maultaschenfüllung Spinat hineingehört oder nicht, zum Glaubenskrieg hochstilisieren? Aus seiner Versponnenheit wuchs und wächst aber immer wieder erstaunlicher Erfindergeist, der vieles zuwege bringt, auch wenn manches ins Wasser fällt wie der legendäre Flugapparat des Schneiders von Ulm.

Ohne Neugierde keine Novität. Das hat der Schwabe klar erkannt und läßt sich ganz im Gegensatz zu seiner unbestreitbaren Bodenständigkeit auch mal den Wind der großen weiten Welt um die Nase wehen. Dann sucht er New York heim, vorzugsweise über eine genossenschaftlich organisierte Gruppenreise, oder er jettet nach China, um die dortige große Mauer auf Qualität hin abzuklopfen. Wieder zu

Hause, wird er natürlich gefragt, wie es denn in der Ferne gewesen sei, und der Schwabe antwortet lakonisch: „S'ischt mol was anders gwä!"

Ansonsten zeigt sich der Schwabe der neuen Zeit gewachsen. Die „Mußehe" mit Baden nach dem zweiten Weltkrieg zum sogenannten und anfangs heftig bekämpften „Südweststaat" hat jetzt schon so manche „Mischehe" mit einer Auswärtigen gezeitigt, zumal wenn das „Mädle" hübsche „Füßle" hat, wobei die „Füß" die Unter- und Oberschenkel gleich mit einschließen.

Essen in Schwaben ist eine ganz besondere Angelegenheit. Die Laugenbrezel dürfen das „Mittagsläuten" nicht hören und werden gerne mit einem „Viertele" zum zweiten Frühstück verzehrt. Auf Suppen und Soßen ist der Schwabe ganz verrückt, am liebsten läßt er sein komplettes Menü einschließlich Salat darin schwimmen. Aber seine Neugierde hat in den letzten Jahrzehnten denn doch gesiegt. Pizza ist kein Fremdwort mehr, Cordon bleu auch nicht; das Japanrestaurant allerdings wird der Besucher auf dem flachen Land meist vergeblich suchen. Gut Ding braucht bekanntlich Weile.

In manchen Landstrichen, wie auf der rauhen Alb, wo sich mühsam der Dinkel hielt, mußte der Schwabe dem Acker seine Erträge mit großer Zähigkeit abringen.

Auch deshalb besteht die traditionelle schwäbische Küche aus Elementen der Resteverwertung. Die berühmte „Flädlesuppe" (der übriggebliebene Pfannkuchen vom Vortag kommt kleingeschnitten in die Brühe) ist dafür ein Beispiel oder auch die vielsagenden „Laubfröschle". Und welch' ein Genuß, wenn die an sich schon begehrenswerten Wesen von einem Meister wie Gerhard Zisler, Ringhotel „Krone" in Friedrichshafen-Schnetzenhausen, mit Gemüseschaum veredelt werden, daß auch jedem außerschwäbischen Gourmet das Wasser im Mund zusammenläuft.

Gleichzeitig aber ist das Schwabenland auch vom Füllhorn der Natur reichlich bedacht. Im Norden wachsen die herrlichen Weine, den Süden machte das milde Bodenseeklima zum Obstgarten Deutschlands, und das nach wie vor saubere schwäbische Meer beschert die schmackhaftesten Speisefische.

Auch dieser Reichtum schlägt sich im schwäbischen Wesen nieder, das eben nicht nur von Sparsamkeit geprägt ist: am Sonntagsbraten wurde noch nie gespart, und niemand kann in einem Kuchen soviele Eier unterbringen wie die schwäbische Hausfrau.

So geben sich auch in diesem Buch geniale Einfachheit wie beim Leibgericht „Linsen und Spätzle" und beachtliches Küchenraffinement die Hand, und es zeigt sich, was den Schwaben der Neuzeit ausmacht: Er liebt das Bewährte und schaut dennoch, ob er diesem nicht noch etwas besseres abgewinnen kann.

Eckhard Britsch

Inhalt

Karte von Schwaben 5
Vorwort 6
Inhaltsverzeichnis 9

Aus schwäbischen Suppentöpfen

Schwäbische Brotsuppe 14
Flädlesuppe 15
Kürbissuppe 16
Gaisburger Marsch 17
Schwarzwälder Kartoffelsuppe 18
Pilzsuppe unter der Blätterteighaube 19
Spargelcremesuppe 20
Apfelweinsuppe 21
Weinsuppe mit Zimthäubchen 22
Schneckensuppe 23
Rahmsüpple von geräuchertem Felchen 24

Aus dem schwäbischen Meer

Kaviar vom Bodenseefelchen 26
Felchenfilets Meersburger Art 28
Eglifilets auf Chicoréegemüse 30
Eglifilets unter der Kruste 31
Hechtklößchen auf Spinatsoße 32
Gefüllter Zander 34
Waller in Mangoldblättern 35

Spätzle, Knöpfle, Flädle

Spätzle 38
Wurstspätzle 42
Kässpätzle mit Weißbier 43
Geröstete Leberspätzle 44
Saure Linsen mit Spätzle 45
Zwiebelrostbraten mit Krautspätzle 46
Spargelragout im Flädle 47
Hefeknöpfle auf Rahmsauerkraut 48
Maultaschen 50
Schupfnudeln oder Buabespitzle 52
Kratzede 54

Gemüse- und Fleischgerichte

Zwiwelwähe 56
Dinnete 58
Ludwigsburger Lauch-Champignon-Auflauf 60
Filderstädter Sauerkrautkuchen 62
Sauerkrautstrudel 64
Rote Beete auf Linsengemüse 66
Laubfrosch im Gemüseschaum 68
Geflügel in Stachelbeersoße 70
Kalbsröllchen in Gemüsesoße 74
Gefüllte Kalbsbrust 76
Salatvariation mit Kalbsbries 78
Kutteln aus dem Ofen 80
Katzagschroi 82

Aus schwäbischen Wäldern

Kaninchen in Traubensoße 84
Hasenfilet im Walnußmantel 86
Frischlingskotelettes in Zwetschgensoße 88
Rehschnitzel in Brombeersoße 90
Hirsch-Cordonbleu mit Preiselbeersoße 92
Wilddiebsalat 94

Schwäbische Nachspeisen

Preiselbeermaultaschen 96
Weingelee auf Pistaziensoße 98
Schwarzwälder Creme 100
Schwarzbrotpudding 102
Sauerkirschcreme 103
Gebackene Sauerkirschen in Weinteig 106
Nonnenfürzla 107
Schnetzenhauser Schneeballen 108
Hutzelparfait auf Sauerkirschschaum 110
Apfelspalten in Bierteig 112
Ofenschlupfer 114
Apfelknöpfle 115
Apfelwaffeln 116

Aus schwäbischen Backöfen

Spitzbuben 118
Husarenzopf 119
Hefezopf 120

Zedernbrötle 121
Stuttgarter Hutzelbrot 122
Haselnußkuchen 123
Haferflockenbrötle 124
Ulmer Brot 125
Käsekuchen ohne Boden 126
Apfelkuchen „schnell gemacht" 127
Zwetschgenstrudel 128
Erdbeersahne 130
Träubleskuchen 132

Wein aus dem Schwabenland 133

Aus schwäbischen Suppentöpfen

Schwäbische Brotsuppe

Die Schwaben sind bekanntlicherweise Suppenliebhaber, sie werden deshalb auch gern „Subbaschwob" genannt. Grundlage für Suppen ist meist eine Fleischbrühe, jedoch muß immer etwas drin sein, z. B. Spätzle oder Knöpfle, geschnittene Flädle oder sogenannte Maultaschen oder auch ganz einfach in Ei geweichte und in der Pfanne geröstete Brotwürfel.

2 Scheiben Landbrot, 2 Eier, Salz, 1 Liter Fleischbrühe, 1 gewürfelte Zwiebel.

Zuerst das Landbrot in zentimetergroße Würfel schneiden. Die Eier verquirlen, salzen, die Brotwürfel dazugeben und etwa 10 Minuten ziehen lassen.

Die Brotwürfel in Butterschmalz rösten und in die aufgekochte Fleischbrühe geben. Zwiebelwürfel in Butterschmalz dünsten, dann über die Suppe streuen.

Ton-, Kupfer- und Eisentöpfe etwa 1860

Flädlesuppe

die berühmte Suppe aus in Streifen geschnittenen Flädle, Mehlpfannkuchen, die oft auch vom Vortag waren.

250 g Mehl, 1/2 Liter Milch, 3–4 Eier, Salz, Muskat, 1 Eßl. feingeschnittener Schnittlauch, 1 Liter Fleischbrühe.

Aus den oben genannten Zutaten einen glatten Teig anrühren. Dann in heißer, mit Speck eingeriebener Pfanne recht dünne Flädle backen. Anschließend abkühlen lassen, in dünne Streifen schneiden und in klarer Fleischbrühe …

… mit gehackter Petersilie servieren!

Kürbissuppe

Eine alte Zubereitung vom Lande aus Kürbisfleisch und mit gerösteten Brotwürfeln.

500 g Kürbis, 1/4 Liter Brühe, 1 Eßl. feine Zwiebelwürfel, 30 g Butter, 100 g Milch, 100 g Sahne, Zimt, 4 Eßl. geröstete Brotwürfel.

Den Kürbis schälen, grob schneiden und in der Brühe weich kochen. Anschließend mit dem Mixstab pürieren.

Die Zwiebeln in Butter dünsten, das Kürbispüree beigeben und aufkochen. Dann die Milch hineingeben und unter ständigem Rühren etwa 5 Minuten kochen lassen.

Kurz vor dem Servieren mit Sahne und Zimt verfeinern und mit den Brotwürfeln bestreuen.

Bronzefarbener Speisekürbis

Gaisburger Marsch

Ein inhaltsschwerer Eintopf, den es in Gaisburg, heute Ortsteil von Stuttgart, in der „Bäckeschmiede" für die vorbeiziehenden Soldaten gegeben haben soll oder, wie eine andere Legende besagt, für die gefangenen Männer Gaisburgs, denen ihre Frauen Essen bringen durften, jedoch für jeden nur eine Schüssel. So brachten die gescheiten Frauen alles in einem Topf, damals wie heute: Spätzle und Rindfleisch, Kartoffelschnitz und Gemüse, Gewürze und Brühe.

500 g Rindfleisch, einige Suppenknochen, Suppengemüse, 300 g Kartoffeln, 200 g Spätzle, 6 Eßl. fein gewürfelte Zwiebeln, 2 Eßl. Schnittlauch, 40 g Butter.

Das Rindfleisch zusammen mit den Knochen und dem Suppengemüse kochen.

Die Kartoffeln schälen, würfeln und in leicht gesalzenem Wasser kochen (nicht zu weich, damit sie nicht zerfallen!)

Das fertig gekochte Rindfleisch herausnehmen und in Würfel schneiden, dann die Rindfleischbrühe durch ein Sieb passieren und abschmecken. Rindfleisch- und Kartoffelwürfel, sowie die zubereiteten Spätzle hineingeben und aufkochen lassen. Anschließend die Zwiebelwürfel in Butter goldgelb rösten und mit dem Schnittlauch auf die fertige Suppe geben.

Schwarzwälder Kartoffelsuppe

Die in Schwaben traditionelle Kartoffelsuppe – hier mit Schwarzwälder Speck.

80 g Zwiebelwürfel, 30 g Butterschmalz, 400 g geschälte Kartoffeln, 50 g Selleriewürfel, 100 g Speckschwarte, 1 1/4 Liter Brühe, 1/8 Liter Sahne, 40 g Schwarzwälder Speck, in feine Streifen geschnitten, 1 Scheibe getoastetes Mischbrot, 2 Eßl. gehackte Petersilie.

Zwiebeln in Butterschmalz anschwitzen, kleingeschnittene Kartoffeln, Sellerie und Speckschwarte zugeben, mit der Brühe auffüllen und 20 Minuten kochen lassen.

Die Speckschwarte entfernen, Sahne hinzufügen, die Suppe pürieren und würzen.

Speckstreifen in der Pfanne anbraten, das getoastete Brot in 1/2 cm große Würfel schneiden.

Die Suppe in Teller oder Suppentassen geben, mit Speckstreifen, Brotwürfeln und gehackter Petersilie bestreuen.

Pilzsuppe unter Blätterteighaube

Eine aufwendigere Art in Suppentassen unter einer Blätterteighaube serviert.

160 g Waldpilze, 20 g feine Selleriewürfel, 20 g feine Zwiebelwürfel, 35 g Butter, 30 g Mehl, 3/4 Liter Fleischbrühe, 100 g Sahne, Salz, Pfeffer, 1 Eßl. fein gehackte Petersilie, 150 g Blätterteig, 1 Eigelb, 1 Teel. Sesam oder Kümmel, 2 Eßl. geriebenen Emmentaler Käse.

Das Gemüse zusammen mit den Pilzen in Butter farblos anschwitzen, mit Mehl bestäuben, dann mit der Brühe auffüllen, aufkochen lassen, die Sahne hinzugeben und abschmecken. Die erkaltete Suppe in Suppentassen füllen und mit der Petersilie bestreuen.

Nun den Blätterteig auswellen und kreisrund, jedoch um 1 cm größer als die Suppentassen, ausstechen, die Ränder mit Eigelb bestreichen, über die Suppentassen stülpen und andrücken.

Zum Schluß die Haube mit Eigelb bestreichen, mit Sesam und geriebenem Käse bestreuen. Dann im vorgeheizten Ofen bei 180 Grad etwa 15 Minuten backen.

Spargelcremesuppe

Ende Mai, wenn der erste Spargel geerntet wird, gibt's hieraus eine feine Suppe.

300 g Spargel, Salz, Zucker, 50 g Butterschmalz, 40 g Mehl, 1/8 Liter Sahne, 2 Eigelb, 4 Eßl. geschlagene Sahne, 1 Eßl. gehackte Pistazienkerne.

Den Spargel schälen und in 1 1/4 Liter aufgekochtem Wasser mit Salz und Zucker 20 Minuten ziehen lassen.

Aus Butterschmalz und Mehl eine helle Mehlschwitze herstellen, abkühlen lassen, dann mit 3/4 Liter Spargelsud auffüllen und etwa 5 Minuten kochen lassen.

Die Sahne mit dem Eigelb verrühren, und die Suppe damit legieren (diese darf aber nicht mehr kochen, da sonst das Eigelb gerinnt!)

Den Spargel in Stücke schneiden, in die Suppenteller geben und mit der Suppe aufgießen. Schließlich mit je 1 Eßlöffel geschlagener Sahne und den Pistazien garnieren.

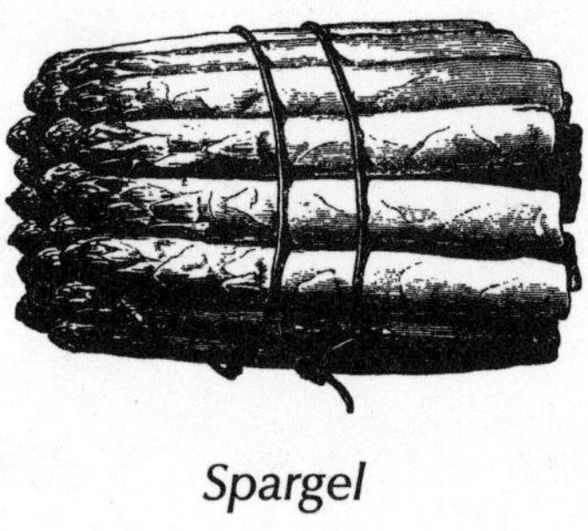

Spargel

Apfelweinsuppe

Die Gegend um den Bodensee ist bekannt für seinen Obstanbau und reichliche Ernten. Das Obst wird zur Erntezeit auch an den Straßen angeboten. Hier die Zubereitung einer Suppe aus Apfelwein.

1/4 Liter Apfelwein, 1/4 Liter Wasser, 500 g säuerliche Äpfel (Elstar oder Jonagold), 75 g gewaschene Rosinen, etwas Zitronenschale, 30 g Zucker, 1 Eßl. Speisestärke, 1 Eßl. Zitronensaft.

Apfelwein und Wasser aufkochen. Äpfel schälen, entkernen, in kleine Stücke schneiden und mit den Rosinen, Zitronenschale und Zucker darin kochen bis die Äpfel weich sind, sie dürfen aber nicht zerfallen!

Zum Schluß die Speisestärke anrühren und die Suppe damit abbinden, mit Zitronensaft abschmecken.

Kombinierte Obstmühle und -presse um 1900

Weinsuppe mit Zimthäubchen

Im Weinland Schwaben, wo der Weinkonsum fast doppelt so hoch ist wie im übrigen Deutschland, ist Weinsuppe eine geschätzte Vorspeise.

40 g Butter, 50 g Mehl, 1/2 Liter Fleischbrühe, 1/4 Liter trockener Weißwein, 1/8 Liter flüssige Sahne, Zucker, 100 g geschlagene Sahne, Zimt, 8 weiße und rote Trauben.

Die Butter zerlassen, und das Mehl hineinrühren, dann mit der kalten Fleischbrühe ablöschen und etwa 5 Minuten kochen lassen.

Den Weißwein mit einer Prise Zucker sowie die flüssige Sahne hinzufügen und nochmals aufkochen lassen.

Die Weintrauben auf 4 Suppentassen verteilen, dann mit der Suppe auffüllen, zum Schluß je ein Sahnehäubchen daraufsetzen und mit Zimt betreuen.

Verarbeitung des Weines im Mittelalter

Schneckensuppe

wie man sie früher aus Weinbergschnecken machte …

1 Knoblauchzehe, 2 Dutzend Schnecken, 40 g Butterschmalz, 2 fein gehackte Schalotten, 40 g feine Gemüsewürfel, 40 g Mehl, 3/4 Liter Kalbsfond, 1/8 Liter trockenen Weißwein, 2 Eigelb, 100 g Sahne, 1 Eßl. gehackte Petersilie, 1 Eßl. gezupfter Kerbel

Zuerst die Knoblauchzehe halbieren und den Topfboden damit ausreiben.

12 Schnecken in kleine Stücke schneiden und in Butterschmalz mit den Schalotten und Gemüsewürfeln kurz andünsten, dann das Mehl darüberstäuben.

Den Kalbsfond und Weißwein aufgießen, 10 Minuten köcheln lassen.

Danach vom Herd nehmen, Eigelb mit der Sahne verrühren und die Suppe damit binden. Sie darf jetzt nicht mehr kochen!

Die verbliebenen 12 ganzen Schnecken ebenso anbraten, dann in die vorgewärmten Suppenteller verteilen, die Suppe aufgießen und mit den gehackten Kräutern servieren.

Rahmsüpple von geräuchertem Felchen und Aal

Hier eine exquisite Zubereitung von Bodenseefischen:

1 geräucherter Felchen, 100 g geräuchterter Aal, 3/4 Liter Fischbrühe, 30 g fein gehackte Zwiebeln, 50 g Butter, 40 g Mehl, 1/8 Liter weißer trockener Bodenseewein, Salz, Pfeffer, 1 Eßl. trockener Sherry, 1/8 Liter geschlagene Sahne, 1 Teel. gehackter Dill.

Zunächst Felchen und Aal filetieren. Gräten und Haut in der aufgekochten Fischbrühe 15 Minuten ziehen lassen, dann durch ein Sieb passieren.

Die Zwiebelwürfel in Butter anschwitzen, Mehl zugeben, Fischbrühe sowie Weißwein aufgießen und etwa 5 Minuten kochen lassen. Danach abschmecken und nochmals durch ein Sieb passieren. Den Sherry und die geschlagene Sahne vorsichtig einrühren.

Schließlich die Fischfilets in Streifen schneiden und in die vorgewärmten Teller geben, mit der heißen Suppe auffüllen und mit Dill bestreuen.

Aus dem schwäbischen Meer

Kaviar vom Bodenseefelchen mit Kartoffelpuffer

Das schwäbische Meer, der Bodensee, ist für den Fischliebhaber ein interessantes Gewässer. Seit Jahrhunderten spielt der Fischfang hier eine große Rolle, und auch heute noch gibt es rund um den See viele Fischereibetriebe mit einem hohen Qualitätsanspruch. Ob frisch oder geräuchert, der Bodensee liefert Aal und Felchen, Zander und Hecht, Wels und Trüschen, Karpfen und Egli.

200 g gesalzener Felchenkaviar, 250 g Crème fraîche, 1 Eßl. Sahne, 3 Eßl. Schnittlauch, Salz, Pfeffer, Zitronensaft, 1 Tomate, Dillzweige.

Für die Kartoffelpuffer: 500 g rohe Kartoffeln, 1 Ei, Salz, geriebene Muskatnuß.

Crème fraîche mit der Sahne glattrühren, Schnittlauch dazugeben, mit Salz, Pfeffer und Zitronensaft abschmecken. Die Kartoffelpuffer nach bekannter Art zubereiten, den Kaviar mit zwei Löffeln zu Klößchen abstechen und zusammen mit den Kartoffelpuffern auf flachen Tellern anrichten. Die Schnittlauchsoße mit auf die Teller geben, und zum Schluß mit gehacktem Eigelb, Tomatenwürfeln und Dillzweig garnieren.

Fischfang am Bodensee Anfang 19. Jahrhundert

Felchenfilets Meersburger Art

Der Felchen, auch Blaufelchen oder Renke genannt, ist ein Süßwasserfisch, der hauptsächlich in süddeutschen Binnengewässern lebt. Er wird 20–30 cm lang und ist am Bodensee ein beliebter Speisefisch.

4 Felchenfilets à 150 g, 100 g Zwiebelstreifen, 200 g frische, in Scheiben geschnittene Champignons, 1 gewürfelte Fleischtomate, 60 g geriebener Emmentaler Käse.

Für die Soße: 20 g Butter, 15 g Mehl, 400 g Milch.

Die Zwiebelstreifen blanchieren und in eine feuerfeste Form verteilen.

Felchenfilets mit Zitronensaft beträufeln, salzen und in Mehl wenden, dann beidseitig in Butterschmalz kurz anbraten.

Anschließend mit der Fleischseite nach oben auf die Zwiebeln legen, und die Tomatenwürfel mit den Champignons darauf verteilen.

Für die Soße die Butter zerlassen, Mehl und Milch zugeben, etwa 5 Minuten kochen lassen und mit dem Muskat und Salz würzen. Die Soße über den Fisch geben, mit dem geriebenen Käse bestreuen und 15 bis 20 Minuten bei 180 Grad im Ofen backen.

Dazu gibt es Vollkornkräuterreis.

Meersburg

Gebratene Eglifilets auf Chicoréegemüse

Egli ist die alemannische Bezeichnung für Barsch oder Kretzer und hat sich am Bodensee überall eingebürgert. Bevorzugt werden die jungen Fische.

500 g Eglifilets, 2 Stück Chicorée, Salz, Zitrone, Butter, Mehl.

Für die Soße: 1 Fleischtomate, 1 Teel.Olivenöl, 4 cl trockenen Weißwein, 2 cl Sherry- oder Weinessig, 3 Eßl. Crème fraîche, Salz, Pfeffer, 50 g Butter.

Zuerst den Chicorée mit Salz, ein wenig Zitrone und etwas Butter 35 Minuten dünsten.

Die Eglifilets würzen, leicht mit Mehl bestäuben und in Butter langsam braten.

Nun die Tomatenwürfel mit dem Olivenöl und Sherryessig erhitzen. Weißwein und Crème fraîche zugießen und etwas einkochen lassen, mit Salz und Pfeffer würzen, und anschließend die Butter einrühren.

Dann die Eglifilets auf dem halbierten Chicorée anrichten und mit der durch ein Sieb passierten Soße umgießen. Dazu werden Petersilienkartoffeln gereicht.

Eglifilets unter der Kruste

450 g Eglifilets, 3 Eigelbe, 125 g geschlagene Sahne, 1/8 Liter trockener Weißwein oder auch Fischsud, 1 Teel. in Streifen geschnittenes Basilikum, 8 Eßl. Cornflakes.

Die Eglifilets mit Zitronensaft beträufeln, salzen, dann in Mehl wenden, in Butterschmalz kurz anbraten und in eine feuerfeste Form legen.

Eigelb mit Weißwein verrühren und würzen. Die geschlagene Sahne, Cornflakes sowie Basilikum unterheben und sofort auf die Fischfilets verteilen. Im Ofen bei 180 Grad überbacken.

Egli, Kretzer oder Barsch

Hechtklößchen auf Spinatsoße

Der Hecht, auch „Haifisch" des Süßwassers genannt, schmeckt von September bis Januar am besten.

300 g Fischkarkassen, 1/8 Liter Weißwein, 1 Liter Wasser, 1 gespickte Zwiebel, Petersilienstengel.

Für die Hechtklößchen: 400 g frisches Hechtfleisch ohne Gräten, 200 g flüssige Sahne, 100 g geschlagene Sahne, 20 g Weißbrotwürfel ohne Rinde, 1 Eiweiß, 1 Messersp. Englischsenf, Salz, Zitronensaft.

Für die Spinatsoße: 1 Eßl. gehackte Schalotten, 1/4 Liter Fischfond, 200 g Sahne, 150 g küchenfertiger Blattspinat.

Aus den Fischkarkassen (Gräten, Fischköpfe usw.), Weißwein, Wasser, der gespickten Zwiebel und den Petersilienstengeln eine Fischbrühe herstellen. Etwa 15 Minuten köcheln lassen und weitere 20 Minuten ziehen lassen, dann durch ein Sieb passieren. Weißbrotwürfel in Eiweiß und 3 Eßlöffel Sahne einweichen.

Für die Hechtklößchen das gut gekühlte Fischfleisch klein schneiden, salzen, dann im Mixer unter Zugabe der Broteiweißmischung sowie der Sahne eine glatte Farce herstellen. Diese mit Englischsenf, Zitronensaft und Pfeffermühle abschmecken, dann die geschlagene Sahne mit einem Holzlöffel unterrühren.

Mit zwei Eßlöffeln Klößchen abstechen und in der leicht siedenden Fischbrühe etwa 10 Minuten ziehen lassen. Danach mit einer Schaumkelle herausnehmen und auf der Spinatsoße anrichten.

Für die Spinatsoße die Schalotten in Butter andämpfen, den Fischfond aufgießen und zur Hälfte einkochen lassen.

Sahne und Spinat zufügen, mit dem Mixstab kurz aufschlagen und abschmecken. Als Beilage Vollkornreis servieren.

Hecht

Gefüllter Zander

8 Scheiben Zander vom Mittelstück à 70 g.

Für die Füllung: 4 Scheiben Toast, 5 Eßl. Milch, 1 Ei, 200 g Champignons, 1 Bund Petersilie, 80 g Lachsforellenfilet, Salz, Pfeffer, 1 Stange Lauch.

Für die Füllung zunächst das Brot in feine Würfel schneiden, in lauwarmer Milch einweichen und das Ei zugeben. Champignons und Petersilie hacken und mit gewürfeltem Lachsforellenfilet zu der Brotmasse geben, dann würzen.

Lauchstange der Länge nach halbieren, zu Lauchbändern von etwa 2 cm Breite und 20 cm Länge zuschneiden, blanchieren und abkühlen lassen. Die Zanderstücke würzen, mit Zitronensaft beträufeln und 2 Eßlöffel von der Füllung hineingeben. Dann die Bauchlappen verschließen und jeweils einen Lauchstreifen um die Fischstücke wickeln.

Die restliche Füllung auf die Oberseite des Fisches streichen. Sodann je eine Scheibe auf ein Stück gebutterte Alufolie legen und locker einschlagen.

Auf dem Backrost im vorgeheizten Ofen bei 180 Grad etwa 20 Minuten garen. Mit einer leichten Tomatensoße und Vollkornreis servieren.

Waller in Mangoldblättern

Der Waller, auch Wels genannt, ist ein typischer Bodenseefisch, der jedoch den Fischern selten ins Netz geht. Er ist daher sehr teuer, hat aber ein zartes und schmackhaftes Fleisch. Ein Wels kann bis zu 2 Metern lang werden.

600 g Wallerfilet, etwas Salz, Pfeffer, Zitronensaft, 4 große Mangoldblätter ohne Stiel, 1 feingewürfelte Karotte, 1 Eßl. gehackte Schalotten, 50 g Butterflocken, 1/4 Liter trockenen Weißwein (Riesling), 2 Eßl. trockener Wermut, 1/4 Liter Sahne.

Zunächst die Mangoldblätter blanchieren und abtropfen lassen. Die Karottenwürfel in Salzwasser mit einer Prise Zucker kurz aufkochen, dann das Wasser abgießen.

Waller oder Wels

Die Mangoldblätter auslegen und die Karottenwürfel darauf verteilen. Dann das Fischfilet mit Salz, Pfeffer und Zitronensaft würzen, auf die Mangoldblätter legen und damit einwickeln.

Die gehackten Schalotten auf dem Boden einer feuerfesten Form verteilen, die eingewickelten Filets darauflegen und mit soviel trockenem Weißwein aufgießen, bis der Boden bedeckt ist. Butterflocken darauf verteilen. Dann die Form mit Alufolie abdecken und bei 200 Grad 30 Minuten im Ofen garen. Während der letzten 10 Minuten mehrmals begießen.

Für die Soße die Flüssigkeit aus der Form in einen Topf gießen, dickflüssig einkochen lassen, dann die Sahne hinzufügen und noch 3 Minuten weiterkochen lassen. Schließlich den Topf vom Herd nehmen, und die Soße mit kleinen, kalten Butterstückchen andicken.

Dann den in Scheiben geschnittenen Fisch auf einer Platte anrichten, mit Soße überziehen und Salzkartoffeln dazu reichen.

Spätzle, Knöpfle, Flädle …

Spätzle

man könnte sie zutreffenderweise als „Späne" von einem ausgerollten Mehlteig bezeichnen. Diese werden mit dem Spätzlemesser von einem Holzbrett in kochendes Salzwasser geschabt und darin gegart.

500 g Mehl, je nach Handelsklasse 4–5 Eier, 1 Prise Salz, 1 Eßl. Öl.

Hier die ursprüngliche Art der Spätzleherstellung: Das Mehl mit den Eiern und einer Prise Salz zu einem glatten Teig rühren, dann kräftig durchschlagen bis der Teig Blasen bildet.

Einen großen Topf mit Salzwasser aufsetzen, Öl hineingeben, damit die Spätzle nicht kleben, und kochen lassen.

Den Teig portionsweise auf ein mit kaltem Wasser abgespültes Holzbrett geben, flachstreichen und mit einem großen Messer oder einem speziellen Spätzleschaber in das kochende Wasser schaben. Das Messer sollte während des Schabens ab und zu ins Wasser getaucht werden, damit der Teig nicht daran kleben bleibt.

Sobald die Spätzle hochkommen, sind sie gar. Doch bitte nicht so lange schwimmen lassen, sie werden sonst klebrig!

Dann mit einem Spatzenlöffel herausnehmen und auf einer vorgewärmten Platte anrichten.

Wer möchte, kann jetzt noch geröstetes Weckmehl, Zwiebelstückchen oder Speckwürfelchen darübergeben und die

Spätzle zu einem Rostbraten und eventuell Kartoffelsalat reichen und das Sonntagsessen ist fertig.

Für den Schwaben gibt es jedoch viele Möglichkeiten, zu denen Spätzle gegessen werden.

Heut werden Spätzle vielfach auch mit einem speziellen Spätzlehobel oder Spätzledrücker hergestellt.

Schaben der Spätzle

Stuttgart um 1880 vom Schiesshaus aus gesehen.

Wurstspätzle

auch diese Spätzlevariante zeigt, wie man aus einigen wenigen Zutaten ein schmackhaftes Gericht bzw. auch eine Suppe machen kann.

250 g Mehl, 1 Teel. Salz, 2 Eier, 1/8 Liter Wasser, 150 g Schinkenwurst, 1 Scheibe trockenes Weißbrot, Petersilie.

Aus dem Mehl, Eiern, Salz und Wasser einen geschmeidigen Spätzleteig herstellen.

Die Schinkenwurst und Weißbrot in feine Würfel schneiden und mit der kleingeschnittenen Petersilie unter den Teig arbeiten.

Nun kleine Portionen auf ein Spätzlebrett legen und mit dem Messer Spätzle ins kochende Wasser schaben. Die fertigen Spätzle auf eine vorgewärmte Platte geben und mit in Butter gerösteten Zwiebeln abschmelzen. Dazu gibt es Kartoffelsalat oder grünen Salat.

Diese Wurstspätzle eignen sich auch sehr gut für eine Suppe, indem man sie in heißer Fleischbrühe mit etwas Schnittlauch serviert.

Kässpätzle mit Weißbier

eine besondere Note bekommen diese Spätzle, wenn man Weißbier, d. h. Weizenbier mit in den Teig gibt und mit herzhaftem Bergkäse einen Auflauf daraus macht.

500 g Mehl, 6 Eier, 1/4 Liter Weißbier, 1 Prise Salz, Muskat, 200 g geriebenen Emmentaler, 300 g geriebener Bergkäse.

Aus Mehl, Eiern, Weißbier und den Gewürzen einen Spätzleteig herstellen.

Spätzle vom Brett schaben oder durch die Spätzlepresse drücken. Dann aus dem Kochwasser schöpfen, abwechselnd die Spätzle und den gemischten Käse in eine feuerfeste Form schichten.

Im vorgeheizten Backofen bei 180 Grad 10–15 Minuten erwärmen, bis der Käse schöne Fäden zieht.

Mit goldbraun gerösteten Zwiebelringen servieren. Dazu gibt es Kartoffel- und Kopfsalat.

Auflaufform

Geröstete Leberspätzle

80 g gewürfelte Zwiebeln, 20 g Butter, 3–4 Eier, 250 g geschabte Rinderleber, 250 g Mehl, 2 Eßl. gehackte Petersilie, Salz, Pfeffer, 1/2 Teel. Majoran, geriebene Muskatnuß, 2 Liter Salzwasser zum Kochen.

Zum Rösten: 20 g Butter, 3–4 Eier, etwas Salz, Pfeffer, 2 Eßl. gehackte Petersilie.

Zuerst die Zwiebelwürfel in der Butter glasig dünsten, die Eier verquirlen, dann die geschabte Leber mit den Zwiebeln, Eiern, Mehl und Petersilie in eine Schüssel geben und alles zu einem glatten Teig verrühren. Mit Salz, Pfeffer, Majoran und Muskatnuß abschmecken.

Für die Spätzle in einem Topf Wasser mit etwas Salz aufkochen. Mit dem Spätzlehobel den fertigen Teig nach und nach in das kochende Wasser geben. Bei schwacher Hitze ziehen lassen bis die Spätzle an der Oberfläche schwimmen. Sodann mit dem Schaumlöffel herausnehmen und gut abtropfen lassen.

Schließlich die Leberspätzle in heißer Butter anrösten, die aufgeschlagenen und gewürzten Eier darübergießen, langsam rühren bis die Eier gestockt sind. Auf einer vorgewärmten Platte anrichten, mit Petersilie bestreuen und Kartoffel- und grünen Salat dazu servieren.

Saure Linsen mit Spätzle

Linsen, zu denen es im Schwäbischen natürlich Spätzle gibt, und außer Rauchfleisch noch Saitenwürstle. Letztere sind Siedewürstchen, den Frankfurtern ähnlich!

1 Eßl. feine Karottenwürfel, 1 Eßl. feine Selleriewürfel, 1 feingehackte Zwiebel, 1 Eßl. Butterschmalz, 1 Teel. Tomatenmark, 250 g eingeweichte Linsen, 2 Eßl. Mehl, 40 g Butterschmalz, Rotweinessig, Salz, Zucker, 4 Scheiben gerauchter Bauch, 4 Saitenwürstchen.

Das Gemüse in Butterschmalz hell anschwitzen, Tomatenmark und Linsen dazugeben, mit Linsenwasser aufgießen und etwa 20 Minuten leicht köcheln lassen.

Dann das Mehl im heißen Fett dunkel rösten, mit etwas Linsenwasser ablöschen, zu den Linsen geben und mit Rotweinessig, Salz und Zucker pikant sauer abschmecken.

Den gerauchten Bauch von beiden Seiten kurz anbraten, mit den Saitenwürstchen zu den Linsen geben und kurz erhitzen. Dazu reicht man handgeschabte Spätzle.

Flache Kasserolle mit Deckel

Zwiebelrostbraten mit Krautspätzle

4 Steaks à 160 g (Entrecôte), 4 große in feine Scheiben geschnittene Zwiebeln, 1 Eßl. Öl.

Für die Krautspätzle: 80 g fein gewürfelte Zwiebeln, 80 g magere Speckstreifen, 40 g Butterschmalz, 400 g Sauerkraut, Salz, Zucker, Pfeffer, 400 g Spätzle.

Für die Krautspätzle Zwiebeln und Speck in Butterschmalz anbraten, das gezupfte, rohe Kraut dazugeben und erhitzen, mit Salz, Zucker und Pfeffer würzen.

In der Zwischenzeit die Spätzle in einer Stielpfanne goldbraun rösten, dann unter das Kraut geben und gut vermengen. Da das Kraut nicht gekocht wurde, entsteht ein kräftiger, herzhafter Geschmack. Wenn Sie gekochtes Kraut bevorzugen, muß dieses jedoch gut abtropfen!

Nun die gewürzten Fleischscheiben etwa 3 Minuten von jeder Seite kräftig braten. Die Krautspätzle auf eine vorgewärmte Platte geben, das Fleisch darauf anrichten und die in Butter erhitzten Röstzwiebeln darüber verteilen. Dazu paßt Endiviensalat und ein Viertele Trollinger.

Spargelragout im Flädle

Flädle sind dünne Pfannkuchen. Sie eignen sich hervorragend zum „Einpacken“ von Fleisch oder Gemüse.

500 g Spargel, etwas Salz, Zucker, 25 g Mehl, 20 g Butter, 1/2 Liter Spargelsud.

Für die Flädle: 125 g Mehl, 2 Eier, 1/4 Liter Milch, 1 Eßl. Schnittlauch, 1 Eßl. flüssige Butter, 1 Prise Salz, 1 Messersp. Muskat, gehackte Petersilie.

Den Spargel vom Kopf zum Ende schälen und in Wasser mit Salz und Zucker köcheln lassen, dabei den Spargel mit einem Tuch abdecken. Kochzeit 15–20 Minuten.

Nun eine Mehlschwitze herstellen, erkalten lassen, den Spargelsud zugießen und 5 Minuten leicht köcheln lassen. Dann den Spargel in 2 cm große Stücke schneiden, der Soße zugeben und abschmecken.

Für die Flädle aus den Zutaten einen glatten Teig rühren. Nacheinander 4 Flädle backen und jeweils eines auf vorgewärmte Teller legen, das Spargelragout auf die eine Hälfte der Flädle geben, die andere Hälfte darüberschlagen und mit gehackter Petersilie bestreuen.

Spargelragout im Flädle

Hefeknöpfle auf Rahmsauerkraut

als Knöpfle bezeichnet man in Schwaben Klöße in der Größe von einer Kindermurmel bis zum Tischtennisball – sie müssen jedoch nicht immer rund sein.

Für den Hefeteig: 450 g Mehl, 1/4 Liter Milch, 30 g Hefe, Salz, Zucker, 1 Ei, 150 g Butter, 5 Eßl. Semmelbrösel.

Für das Sauerkraut: 500 g Sauerkraut, 1 gewürfelte Schalotte, 2 Eßl. Schweineschmalz, 1/4 Liter Weißwein, Salz, Pfeffermühle, Zucker, 1 geriebene Kartoffel, 200 g Sahne.

Für die Knöpfle aus den angegebenen Zutaten einen Hefeteig bereiten, diesen leicht mit Mehl bestäuben und zugedeckt gut gehen lassen.

Dann den Teig auf einem bemehlten Brett gründlich durchkneten und daraus 10–12 Knöpfle drehen, nochmals kurz gehen lassen, danach in siedendem Salzwasser etwa 20 Minuten garen.

Für das Sauerkraut Schalottenwürfel im Schweineschmalz andünsten. Dann das Sauerkraut locker zupfen, in den Topf geben, mit Weißwein auffüllen und etwa 30 Minuten dünsten. Danach mit Salz, Pfeffer und Zucker abschmecken, die geriebene Kartoffel zum Binden unterrühren und mit der Sahne verfeinern.

Semmelbrösel in Butter rösten, über die fertigen Knöpfle geben und auf dem Sauerkraut anrichten. Hefeknöpfle eignen sich auch hervorragend als Beilage zu allen Braten und Wildgerichten.

Knöpfle

Maultaschen

wie es sie so nur im Schwäbischen gibt: Aus einem dünn ausgewalzten Nudelteig, gefüllt mit Spinat, Hackfleisch und Gewürzen! Andere Varianten sind „geschmälzte" Maultaschen mit Zwiebeln, oder solche in heißer Brühe in Streifen geschnitten oder in der Pfanne gebraten ... Italienische Ravioli sind nichts dagegen!

Für den Teig: 500 g Mehl, 4 Eier, 2 Eßl. Öl, Salz.

Für die Füllung: 75 g magerer Speck, 250 g gemischtes Hackfleisch, 200 g gekochter Spinat, 2 fein gewürfelte Zwiebeln, 50 g Petersilie, 3 Eier, 2 alte Wecken, Salz, Pfeffer.

Für die Füllung Speck und Zwiebeln würfeln und in Butter anbraten. Die vorher eingeweichten Wecken, Petersilie und Spinat durch den Fleischwolf drehen, dann mit den Speckzwiebeln mischen. Diese Masse zum Hackfleisch geben, mit den Eiern unterarbeiten, mit Salz und Pfeffer würzen.

Für den Teig aus Mehl, Eiern, Öl und Salz einen glatten, festen Nudelteig kneten, dann recht dünn ausrollen. Die Hälfte des Nudelteiges im Abstand von etwa 7 cm mit der Füllung belegen, die Zwischenräume mit Eiweiß bestreichen. Dann die andere Hälfte des ausgerollten Nudelteiges darüberschlagen und in den Zwischenräumen andrücken.

Die fertigen Maultaschen in kochende Fleischbrühe geben und etwa 15 Minuten ziehen lassen, schließlich in der Brühe mit geschmälzten Zwiebeln servieren.

Oder die Maultaschen aus der Brühe nehmen und mit viel geschmälzten Zwiebeln und Petersilie zu Kartoffel- und Kopfsalat reichen.

Der Teig wird dünn ausgerollt.

Schupfnudeln oder Buabespitzle

ähneln in ihrer Form kleinen Zigarren. Hier haben die Schwaben auf ihre Weise eine Konzession an die einst verschmähte Kartoffel gemacht: Übriggebliebene Kartoffeln finden wieder Verwendung, wenn sie gerieben, dann zu einem Teig verarbeitet werden und anschließend in der Pfanne gebraten werden. Schupfnudeln eignen sich sehr gut als Beilage zu Fleisch- und Wildgerichten aller Art.

750 g gekochte Kartoffeln (vom Vortag), 400 g Mehl, 1 Ei, etwas Salz.

Die Kartoffeln erst vor Gebrauch schälen und durch die Kartoffelpresse drücken. Dann zusammen mit dem Mehl, Ei und Salz zu einem Teig verarbeiten.

Auf einer bemehlten Arbeitsfläche aus dem Teig fingergroße, an beide Seiten spitz auslaufende „Würstchen" formen und in kochendes Wasser geben. Sobald sie an der Oberfläche schwimmen, mit einer Schaumkelle herausheben und auf einem Tuch trocknen lassen.

Danach in einer Pfanne mit heißem Fett goldbraun backen.

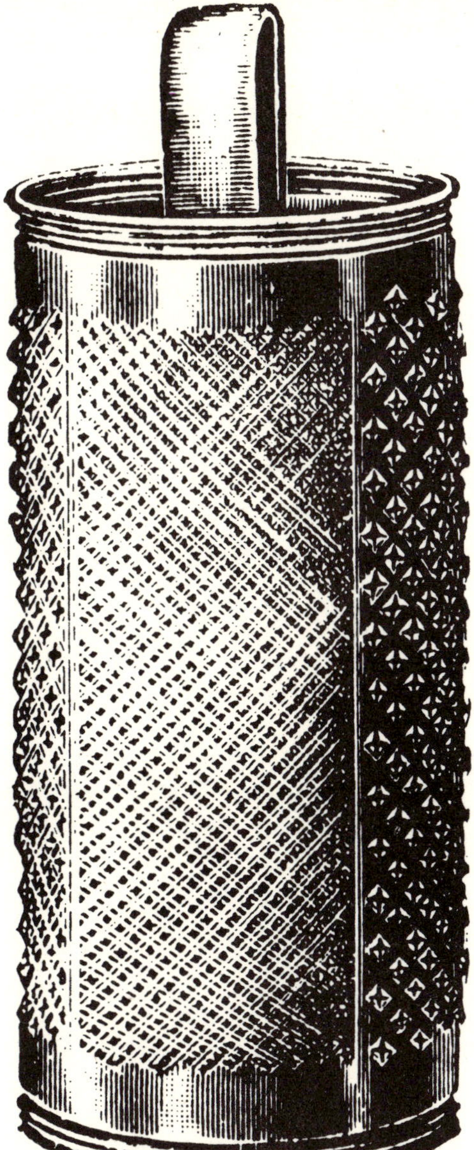

Universalreibe

Kratzede

eine Art zerrissener Mehlpfannkuchen. Weil beim Backen der Teig „auseinandergekratzt" wird, heißt es Kratzede.

4 Eier, 350 g Mehl, 1/2 Liter Milch, 1/2 Teel. Salz, 1 Teel. Butterschmalz.

Zunächst die Eier trennen. Mehl, Milch, Salz und Eigelb mit dem Schneebesen zu einem glatten Teig verrühren. Eiweiß zu Schnee schlagen und unter den Teig heben.

Butterschmalz in der Pfanne erhitzen, mit einem Schöpflöffel den Teig portionsweise ins heiße Fett geben und wie Pfannkuchen zunächst auf einer Seite hellbraun backen, dann wenden und nach dem Anbacken der zweiten Seite den Pfannkuchen mit Gabel und Bratschaufel in 2 bis 3 Zentimeter große Stücke zerreißen.

Die Pfannkuchenstückchen dann fertig backen, auf eine Platte geben und warm stellen bis der ganze Teig auf die gleiche Art verarbeitet ist.

Kratzede zu Spargel-, Pilz- oder Fleisch- und Wildgerichten mit viel Soße servieren.

Dieses Gericht kann natürlich auch mit Zucker und Zimt gegessen werden, dazu reicht man dann Kompott oder gekochtes Dörrobst.

Gemüse- und Fleischgerichte

Zwiwelwähe

oder Zwiebelkuchen, den man nur im Südwesten Deutschlands in Weingegenden kennt, wird traditionell zum neuen Wein im Herbst gegessen. Normalerweise wird er auf einem großen Backblech dünn ausgebacken – hier machen wir ihn in einer runden Backform.

Für den Teig: 300 g Mehl, 30 g Hefe, 180 g lauwarmes Wasser, Zucker, 50 g Öl, Salz.

Für den Belag: 1 kg Zwiebeln, 125 g Butter, 100 g gewürfelten mageren Speck, Salz, Pfeffer, 3 Eier, 250 g Crème fraîche, 3 Teel. Kartoffelstärke, Kümmel nach Wunsch.

Zunächst das Mehl in eine Schüssel geben, Hefe in lauwarmem Wasser mit einer Prise Zucker anrühren, zum Mehl geben und unterrühren, dann Öl und Salz zugeben und alles zu einem glatten Teig verarbeiten.

Teig zugedeckt ruhen lassen, bis er sein Volumen verdoppelt hat, Teig dann nochmals durchschlagen. Eine Backform (32 cm Durchmesser) ausfetten, etwas bemehlen und mit dem Teig auslegen.

Nun die Zwiebeln schälen, halbieren und in dünne Scheiben schneiden, dann mit der Butter und dem Speck weich dünsten, salzen, pfeffern und auskühlen lassen.

Zum Schluß die Eier mit der Crème fraîche und der Kartoffelstärke verquirlen, salzen, zu den Zwiebeln geben und auf dem Teig verteilen.

Wer will, kann jetzt noch etwas Kümmel darüberstreuen, anschließend bei 175 Grad etwa 50 Minuten backen.

Königin-Zwiebeln

Dinnete

die schwäbische „Pizza" aus Hefeteig und einem Belag wahlweise aus durchwachsenen Speckwürfeln oder dünnen Apfel- oder Zwiebelscheiben. Auch Lauchstreifen oder verquirlte Eier oder nur Kümmel eignen sich dazu – je nach Laune und Geschmack!

Für den Teig: 350 g Mehl Typ 405, 150 g Mehl Typ 850, 1/4 Liter lauwarmes Wasser, 1 Würfel Hefe, 50 g Öl, etwas Salz.

Für den Guß: 150 g saure Sahne, 1 Eßl. Mehl, Salz.

Das gesiebte Mehl in eine Schüssel geben. Die in lauwarmem Wasser aufgelöste Hefe sowie Öl und Salz zufügen. Mit dem Holzlöffel (oder in der Küchenmaschine) zu einem glatten Teig verarbeiten und gehen lassen. Danach vierteln und zu 1/2 cm dicken runden Fladen auswellen, dann auf ein bemehltes Backblech legen.

Für den Guß saure Sahne, Mehl und Salz miteinander verrühren, auf den Teigboden streichen und je nach gewünschter Art mit einer der oben genannten Zutaten belegen. Im vorgeheizten Backofen bei 220 Grad 12 bis 15 Minuten backen, heiß aufschneiden und gleich servieren. Dazu gibt's ein süffiges „Viertele"!

Riesen-Winterlauch

Ludwigsburger Lauch-Champignon-Auflauf

600 g Lauch, 300 g Champignons, 1 Eßl. Öl, 2 gestr. Eßl. Mehl, 1/8 Liter Brühe, 150 g Crème fraîche, Salz, Pfeffer, geriebene Muskatnuß, 120 g grob geriebener Käse (Emmentaler und Bergkäse gemischt).

Zuerst den Lauch putzen, waschen und in Ringe schneiden, ebenso die Champignons putzen, waschen und in Scheiben schneiden.

Lauch und Champignons in heißem Öl andünsten, mit dem Mehl bestäuben und mit der Brühe und Crème fraîche aufgießen. Einmal gut aufkochen lassen und mit Salz, Pfeffer und Muskat kräftig abschmecken.

Das Gemüse in eine flache, feuerfeste Form geben und den geriebenen Käse darüberstreuen.

Im vorgeheizten Backofen bei 200 Grad etwa 15 Minuten gratinieren.

Anschließend mit Salzkartoffeln servieren.

Champignons

Filderstädter Sauerkrautkuchen

eine typisch schwäbische Spezialität – hier zu einem runden Kuchen gebacken.

Für den Teig: 350 g Mehl, 125 g Butter, 5 g Salz, 125 g lauwarmes Wasser.

Für das Sauerkraut: 1 Eßl. Butterschmalz, 150 g gewürfelter durchwachsener Räucherspeck, 1 gewürfelte Zwiebel, 500 g Sauerkraut, 1/8 Liter trockener Weißwein.

Für den Guß: 4 Eier, 1/4 Liter saure Sahne, 20 g Stärkemehl, etwas Kümmel.

Für den Teig das Mehl in eine Schüssel geben, Butterstückchen, Salz und Wasser hinzufügen, alles miteinander verkneten. Den Teig 1 Stunde ruhen lassen.

Für das Sauerkraut zunächst die Speckzwiebeln im Fett glasig anbraten, das Sauerkraut dazugeben, sodann mit dem Weißwein ablöschen und kochen bis die Flüssigkeit verdampft ist.

Für den Guß sämtliche Zutaten miteinander verrühren und unter das erkaltete Sauerkraut mengen.

Nun eine runde Backform (36 cm Ø) 2–2,5 mm dick mit dem Teig auslegen und bis zum Rand hochziehen, Sauerkrautmasse darauf verteilen und vielleicht noch 6 Scheiben Speck darüberlegen. Dann 50 Minuten bei 200 Grad backen.

Weißkraut oder Kappus

Sauerkrautstrudel

daß man aus Sauerkraut, ein wenig Lauch, sowie Trauben, Äpfeln und Ananas einen herzhaften Strudel machen kann, zeigt dieses Rezept:

Für den Teig: 250 g Weizenvollkornmehl, 30 g Öl, Salz, 8–10 Eßl. lauwarmes Wasser.

Für die Füllung: 400 g gehacktes Sauerkraut, 80 g Lauchstreifen, 80 g halbierte blaue Trauben, 80 g Apfelwürfel (Größe wie halbe Trauben), 80 g Ananaswürfel, 80 g Sojakeimlinge, 100 g grobes Wurstbrät, 1/4 Liter Gemüsebrühe, 40 g gemahlene Sonnenblumenkerne, etwas Zucker, Pfeffer, 40 g Butterschmalz, 1 Eigelb.

Für den Teig die Zutaten miteinander vermengen, gut durchkneten und 30 Minuten ruhen lassen.

Für die Füllung das abgetropfte, gehackte Sauerkraut mit den Lauchstreifen und Sojakeimlingen im Fett anschwitzen, einen Gewürzbeutel mit 1/4 Lorbeerblatt, 4 Wacholderbeeren und etwas Kümmel hineingeben, die Gemüsebrühe auffüllen und mit Zucker und Pfeffer würzen, dann noch 5 Minuten kochen lassen.

Die gemahlenen Sonnenblumenkerne trocken anrösten, zusammen mit den Trauben-, Ananas- und Apfelwürfel unter das Sauerkraut geben und kurz aufkochen. Dann die Masse in einem Sieb abtropfen und auskühlen lassen, das Wurstbrät gut untermengen.

Jetzt den Teig auf einem Tuch dünn ausrollen, die Füllung darauf verteilen und schließlich das Ganze durch Anheben des Tuches aufrollen. Mit Eigelb bestreichen, eventuell mit ganzen Sonnenblumenkernen oder Sesam bestreuen und auf ein gefettetes Backblech legen. Dann bei 180 Grad etwa 45 Minuten backen.

Sauerkrautpresse

Rote Beete auf Linsengemüse

3 Knollen Rote Beete, Kümmel, Zitronensaft.

Für das Linsengemüse: 200 g Linsen, 3 Eßl. Gemüse (Sellerie, Karotten, Lauch), 50 g Zwiebeln, 1 kleine Speckschwarte, 10 g Tomatenmark, 1/2 Liter Fleisch- oder Geflügelbrühe, Salz, Pfeffer, 1 1/2 Eßl. Balsamicoessig, 1 Eßl. gehacktes Orangeat, 1/2 Teel. Dijonsenf.

Für den Ausbackteig: 200 g Mehl, 200 g Mineralwasser, 50 g Weißwein, 3 Eigelb, Salz, Muskat, 2 Eiweiß.

Zum Anrichten: Einige Blätter Frisée- und Feldsalat, 2 Teel. Walnußöl, 1/2 Teel. Balsamicoessig.

Zunächst die Linsen in einem Topf mit Wasser über Nacht einweichen.

Alsdann die Rote Beete-Knollen in Wasser mit Kümmel etwa 1 Stunde kochen, dann erst schälen, in 1 cm dicke Scheiben schneiden und mit Zitronensaft beträufeln.

Für das Linsengemüse sämtliche Gemüse klein schneiden und mit der Speckschwarte kurz anrösten, das Tomatenmark zugeben, die Brühe aufgießen, die Linsen hinzufügen und das Ganze aufkochen, dabei hin und wieder den Schaum abschöpfen, mit Salz und Pfeffer würzen.

Sobald die Linsen nach etwa 30 Minuten gar sind, 4 Eßlöffel davon pürieren, dann das Linsengemüse damit abbinden, mit Balsamico, Orangeat und etwas Senf abschmecken.

Für den Ausbackteig Mehl, Mineralwasser, Weißwein und Eigelb miteinander verrühren, mit Salz und Muskat würzen und das geschlagene Eiweiß unterheben.

Die Rote Beete-Scheiben mehlen, in den Teig tauchen und in heißem Fett goldgelb ausbacken.

Schließlich die Salatblätter mit einer Soße aus Öl und Balsamico bepinseln und die Teller damit auslegen. Darauf das nicht mehr ganz heiße Linsengemüse verteilen und die ausgebackenen Rote Beete-Scheiben darauflegen.

Rote Beete

Laubfrosch im Gemüseschaum

ist eine in Spinatblättern „eingewickelte" Füllung aus Wekken, Eiern, Kräutern und Gewürzen. Nachfolgende Gemüseschaumsoße gehört unbedingt dazu:

750 g große Spinatblätter.

Für die Füllung: 2–3 Wecken, 1/8 Liter Milch, 75 g Butter, 1 feingeschnittene Zwiebel, 3 Eier, 2 Eßl. Gartenkräuter, Salz, Pfeffer, Muskat.

Für den Gemüseschaum: 100 g Karottenwürfel, 100 g Selleriewürfel, 3/8 Liter Brühe, 100 g Crème fraîche.

Zunächst für die Füllung die Wecken in Würfel schneiden und mit der erhitzten Milch übergießen.

Die Zwiebeln in der heißen Butter andünsten, dann mit den Eiern und den Gartenkräutern zu der Weckmasse geben, mit Salz, Pfeffer und Muskat würzen und gut vermengen.

Nun die Spinatblätter waschen, die Stiele abschneiden und kurz blanchieren.

Die abgetropften Blätter portionsweise auslegen, die Wekkenmasse darauf verteilen, an den Seiten einschlagen und zusammenwickeln.

Sodann eine feuerfeste Form ausbuttern, die Gemüsewürfel darin verteilen, die Fröschle darauflegen und 3/8 Liter Brühe dazugießen. Die Form mit Alufolie abdecken und im Backofen etwa 30 Minuten bei 180 Grad garen. Danach die Laubfrösche auf eine vorgewärmte Platte legen.

Nun die Gemüsebrühe mit Crème fraîche in einen Topf geben, mit dem Stabmixer aufschlagen und abschmecken. Den Gemüseschaum über die Laubfrösche gießen und mit Salzkartoffeln servieren.

Großblättriger Spinat

Geflügel in Stachelbeersoße

Dieses Rezept mit seiner wunderbaren Stachelbeersoße ist eine eigene Schöpfung von Gerhard Zisler.

2 Hähnchen à 950 g, 80 g Butterschmalz.

Für die Soße: 120 g reife Stachelbeeren, 50 g Butter, 3 Eßl. Zukker, 5 Eßl. Weckmehl, 1/4 Liter Heilbronner Riesling, 1/8 Liter Fleischbrühe.

Hähnchen zerteilen und Schenkel sowie Bruststücke in der Bratpfanne in Butterschmalz 10–15 Minuten bei mittlerer Hitze goldbraun braten. Herausnehmen und im Ofen warm stellen.

Die Stachelbeeren und die Butter in die Pfanne geben, mit Zucker bestreuen und leicht karamelisieren lassen.

Das Weckmehl zugeben, den Weißwein und die Fleischbrühe aufgießen, etwas einkochen lassen und eventuell noch mit Zucker nachschmecken.

Anschließend die Soße über das Fleisch geben und mit Schupfnudeln servieren.

Geflügel

Ulm, Mitte 18. Jahrhundert

Kalbsröllchen in Gemüsesoße

mit einer herzhaften Schinkenfüllung und einer delikaten Gemüsesoße zu Butternudeln gereicht.

8 dünne Kalbsschnitzel à 80 g, 1–2 Brezeln, 100 g Milch, 1 Teel. Schalottenwürfel, 30 g Butter, 80 g gewürfelter Kochschinken, 1 Eßl. Kräuter wie Majoran, Salbei, Thymian, Petersilie, Salz, Pfeffer, Muskat, 1 Ei.

Für die Soße: 60 g Butterschmalz, 100 g Karottenwürfel, 100 g Zwiebelwürfel, 2 Teel. Tomatenmark, 1/8 Liter Weißwein, 1/4 Liter Fleischbrühe, 200 g Crème fraîche.

Zuerst die Brezeln in 1/2 cm große Würfel schneiden, mit der heißen Milch übergießen und abgedeckt etwa 5 Minuten ziehen lassen.

Die Schalottenwürfel in Butter andünsten, mit den Schinkenwürfeln und den Kräutern in die Brezelmasse geben, mit Salz, Pfeffer und Muskat würzen, dann das Ei zugeben und die Masse gut vermengen.

Anschließend auf die Kalbsschnitzel verteilen, aufrollen und mit Holzstäbchen fixieren. Nun die Fleischröllchen in Butterschmalz goldgelb anbraten, die Karotten- und Zwiebelwürfel zugeben und Farbe nehmen lassen. Das Tomatenmark zufügen und mit Weißwein und der Brühe ablöschen. Bei schwacher Hitze etwa 10 Minuten schmoren lassen.

Fleischröllchen in tiefe Platten geben, Soße mit dem Mixstab pürieren, Crème fraîche zugeben und abschmecken. Die Hälfte der Soße über das Fleisch, die andere Hälfte in eine Sauciere geben. Als Beilage Butternudeln und Salat reichen.

Karotten und Zwiebeln

Gefüllte Kalbsbrust

ein etwas aufwendiges Rezept, doch die Mühe lohnt sich!

Für die Füllung: 3 altbackene, in Würfel geschnittene Wecken 1/8 Liter Milch, 1 Eßl. Zwiebelwürfel, 20 g Butter, 70 g Schinkenwürfel, 70 g Pfifferlinge, 2 Eier, Salz, Pfeffer, Muskat, 3 Eßl. gehackte Petersilie.

Für den Braten: 800 g Kalbsbrust (vom Metzger eine „Tasche" einschneiden lassen), Salz, Öl, 200 g Kalbsknochen, 1 gewürfelte Zwiebel, 60 g Karottenwürfel, 60 g Selleriewürfel, 30 g kalte Butterflocken, Salz, Pfeffer.

Für die Füllung zunächst die Brotwürfel mit der erhitzten Milch übergießen.

Zwiebelwürfel in der heißen Butter andünsten, dann Schinken, Pfifferlinge und Petersilie zugeben. Diese Mischung, sowie die Eier zu der Weckenmasse geben, mit Salz, Pfeffer sowie Muskat würzen und mit einem Holzlöffel gut vermengen.

Nun die Kalbsbrust von innen und außen gut salzen, die Füllung in die Tasche geben, fest zubinden und in heißem Öl rundum kräftig anbraten.

Dann die Kalbsknochen und sämtliche Gemüse um das Fleisch verteilen und bei 200 Grad im Ofen gut 1 1/2 Stunden braten. Dabei ab und zu mit Wasser angießen. Anschließend die Kalbsbrust aus dem Bräter nehmen und 15 Minuten ruhen lassen.

Die entstandene Flüssigkeit durch ein Sieb in einen Topf passieren und die kalten Butterflocken mit dem Schneebesen unterschlagen, dann mit Salz und Pfeffer abschmecken.

Die Kalbsbrust in Scheiben schneiden und mit der Soße anrichten. Dazu gibt es in geröstetem Weckmehl geschmälzte Spätzle.

1. Keule (Stofs), 2. Nierenstück, 3. Kotelettes, 4. Brust.

Salatvariation mit Kalbsbries im Kräutermantel

Kalbsbries ist das zarte Fleisch der Wachstumsdrüse eines Kalbes. Es ist besonders zart, aber auch ein wenig teuer, und besonders in Süddeutschland noch immer gefragt.

400 g Kalbsbries, 1 gespickte Zwiebel, 2 Zweige Basilikum, 2 Zweige Petersilie, 4 Scheiben Toastbrot ohne Rinde, 2 Eier.

Verschiedene Blattsalate: Eichblattsalat, Lollo Rosso, Frieséesalat, Feldsalat.

Für die Vinaigrette: 1 dl Nussöl, 1 dl Traubenkernöl, 1/2 dl Balsamicoessig, 1/2 Teel. Dijonsenf, Salz, Pfeffer, Zucker.

Das Kalbsbries von der Haut und den Adern befreien und etwa 1 Stunde wässern.

Salzwasser mit der gespickten Zwiebel zum Kochen bringen und das Bries darin 15 Minuten gar ziehen lassen, dann herausnehmen, abkühlen und in Scheiben schneiden.

Die gezupften Kräuter und Weißbrot in der Küchenmaschine zerkleinern. Eier verquirlen, die Briesscheiben darin wenden und mit der Weißbrot-Kräutermischung panieren. Dann in Butterschmalz auf beiden Seiten goldbraun braten.

Blattsalate putzen, waschen und trocknen. Aus oben genannten Zutaten die Vinaigrette herstellen und unter die Blattsalate mischen, dann als Bouquet jeweils auf Tellermitte anrichten. Die Kalbsbriesscheiben um den Salat legen.

Großblättriger Feldsalat

Kutteln aus dem Ofen

Als Kutteln bezeichnet man in Schwaben das eßbare Fleisch vom Rinderpansen, das man klein geschnitten und gekocht sehr gut genießen kann. Es verrät die Neigung der Schwaben zu Innereien. In anderen Landesteilen Deutschlands sind Kutteln kaum bekannt. Nur in Berlin und Königsberg kennt man sie unter dem Begriff „Königsberger Fleck", dort als zünftiges Eintopfgericht.

1 Zwiebel, 150 g Karotten, 100 g Lauch, 50 g Sellerie, 12 g Speckscheiben, 700 g gekochte und in Streifen geschnittene Kutteln (vom Metzger), Salz, Pfeffer, 2 Eßl. Tomatenmark, 3/4 Liter Fleischbrühe, 1/2 Liter Stettener Heuchelberg Silvaner trocken, 1 Rosmarinzweig, 1 Lorbeerblatt, 6 cl Mirabellengeist.

Zunächst die Zwiebeln fein würfeln, das Gemüse putzen und in Streifen schneiden. Eine feuerfeste Form (mit Deckel) mit den Speckscheiben auslegen.

Nun das Gemüse und die Zwiebeln mit den Kutteln vermengen und ebenso in der Form verteilen, mit Salz und Pfeffer würzen.

Tomatenmark in heißer Fleischbrühe auflösen und diese mit dem Weißwein über die Kutteln gießen. Rosmarinzweig und Lorbeerblatt obenauf legen. Die Form mit dem Deckel verschließen und im vorgeheizten Ofen bei 180 Grad etwa eine Stunde schmoren lassen.

Anschließend den Mirabellengeist über die fertigen Kutteln gießen und in tiefen Tellern mit herzhaftem Landbrot servieren.

Gasback- und Bratofen um 1890

Katzagschroi

Katzengeschrei auf hochdeutsch – möglicherweise war dieses Vespergericht aus übrig gebliebenem Suppenfleisch so begehrt, daß es selbst mit den Katzen zum Streit darum kam!

600 g gekochtes, kaltes Suppenfleisch (Rind), 2 Zwiebeln, 2 Eßl. Butter, Salz, 4 Eier, Pfeffer.

Suppenfleisch in feine Streifen schneiden, ebenso die geschälten und dann halbierten Zwiebeln.

Butter in der Pfanne heiß werden lassen, die Fleisch und Zwiebelstreifen darin anbraten und salzen.

Nun die Eier miteinander verquirlen, würzen und über das Zwiebelfleisch gießen, langsam rühren bis die Eier gestockt sind.

Dazu schmeckt am besten ein Blattsalat.

Aus schwäbischen Wäldern

Kaninchen in Traubensoße

Wozu man auf jeden Fall Spätzle oder auch Schupfnudeln servieren sollte!

1 Kaninchen etwa 1,2 kg, Salz, Pfeffer, 50 g Butterschmalz, 1 Eßl. Tomatenmark, 1/8 Liter Heilbronner Staufenberg Riesling, 1/4 Liter Geflügelbrühe, 1 Thymianzweig, 1 Lorbeerblatt.

Für die Soße: 250 g blaue und weiße Trauben, 10 g Butter, 3 Teel. Zucker, 4 cl Portwein.

Das Kaninchen möglichst in gleichgroße Stücke teilen, salzen und pfeffern. Butterschmalz in einem Bräter erhitzen und die Kaninchenstücke darin anbraten.

Tomatenmark zugeben, kurz miträsten, mit Weißwein ablöschen und die Geflügelbrühe aufgießen, Thymianzweig und Lorbeerblatt beigeben. Im Ofen bei 180 Grad etwa 40 Minuten zugedeckt schmoren lassen, dabei öfters übergießen.

Nun die Trauben kurz in kochendes Wasser legen, abgießen und mit kaltem Wasser abschrecken, die Haut abziehen, halbieren und entkernen. In einem Topf Butter und Zucker schmelzen, die Trauben zugeben und mit dem Portwein ablöschen. Sobald das Fleisch gar ist, aus dem Bräter nehmen und warm stellen.

Den Bratfond durch ein feines Sieb in die Trauben passieren, kurz aufkochen und nachschmecken. Mit Spätzle oder Schupfnudeln servieren.

Rebstock

Hasenfilet im Walnußmantel mit Hagebuttensoße

Ein neuzeitlicher Rezeptvorschlag für die ehrgeizige Hausfrau – auch hierzu gehören handgeschabte Spätzle!

2 Hasenrücken à 600 g, 1/4 Liter Buttermilch, 120 g Röstgemüse (Zwiebeln, Sellerie, Karotten), 2 Eßl. Olivenöl, 8 Wacholderbeeren, 1 Nelke, 1 Lorbeerblatt, 1 Eßl. Tomatenmark, 1/4 Liter Rotwein, 1/2 Liter Brühe, 100 g Hagebuttenmark, Salz, 300 g Schweinenetz, 150 g gehackte Walnüsse, 80 g Butterflocken.

Die Hasenfilets vom Knochen lösen, von den Sehnen befreien und 24 Stunden in Buttermilch einlegen.

Die Knochen hacken, sodann mit den Sehnen und dem Röstgemüse im heißen Olivenöl braun rösten, Gewürze und Tomatenmark kurz mitbraten. Mit dem Rotwein ablöschen, die Brühe aufgießen und 30 Minuten kochen lassen.

Dann die Soße durch ein Sieb passieren. Auf 1/4 Liter einkochen lassen und mit dem Hagebuttenmark verrühren, abschmecken.

Schweinenetz auf die Länge der Filets und etwa 9 cm Breite zuschneiden. Die gehackten Walnüsse darüberstreuen, die

Filets darin einwickeln und in Olivenöl von allen Seiten anbraten. Anschließend in den Ofen schieben und bei 180 Grad etwa 8 Minuten nachziehen lassen. Die Filets aus dem Ofen nehmen und 3 Minuten auf dem Fleischbrett ruhen lassen. In der Zwischenzeit die Butterflocken unter die Hagebuttensoße rühren.

Die Hasenfilets in längliche Scheiben schneiden und auf der Soße anrichten. Dazu handgeschabte Spätzle servieren.

Hagebutten

Frischlingskotelettes in Zwetschgensoße

Aus dem Rippenstück eines junges Wildschweins mit einer pikanten Soße aus frischen Zwetschgen.

8 Frischlingskotelettes à 80 g, Salz, Pfeffer, 2 Eßl. Butter.

Für die Soße: 12 Zwetschgen, 10 g Butter, 2 Eßl. Zucker, 1/8 Liter Heilbronner Trollinger, 1/4 Liter Bratensoße, 2 Eßl. geschlagene Sahne, 2 cl Zwetschgenwasser.

Die Kotelettes leicht klopfen, mit Salz und Pfeffer würzen und in steigender Butter braten, je Seite etwa 2 Minuten. Die Kotelettes aus der Pfanne nehmen und warm stellen.

Für die Soße die Zwetschgen entsteinen und halbieren. Nun Butter und Zucker in die Pfanne geben, leicht karamelisieren lassen, dann mit dem Portwein ablöschen, die Bratensoße und Zwetschgenhälften dazugeben und 2 Minuten durchkochen. Die geschlagene Sahne und das Zwetschgenwasser vorsichtig unterheben.

Die Frischlingskotelettes auf einer vorgewärmten Platte anrichten und mit einem Teil der Soße umgießen. Schließlich mit handgeschabten Spätzle und der verbliebenen Soße servieren.

Schwarzwaldhaus

Rehschnitzel in Brombeersoße

Um den richtigen Geschmack für die Brombeersoße zu erhalten, sollten Sie Ahornsirup und Balsamicoessig verwenden, als Wein Haberschlachter Heuchelberg Schwarzriesling.

8 Rehschnitzel von der Keule à 80 g, Salz, Pfeffer, Mehl zum Wenden, 40 g Butter.

Für die Soße: 3 Eßl. Ahornsirup, 1 Eßl. Balsamico, 1/8 Liter Haberschlachter Heuchelberg Schwarzriesling, 160 g frische Brombeeren, 1/4 Liter Bratensoße, 100 g frisch geschlagene Sahne.

Die Rehschnitzel mit Salz und Pfeffer würzen, in Mehl wenden, gut abklopfen und in Butter von beiden Seiten je 1 1/2 bis 2 Minuten braten, danach die Schnitzel herausnehmen und warm stellen.

Für die Soße dann erst alles Fett abgießen. Den Ahornsirup in die Pfanne geben, mit Essig und Rotwein ablöschen, danach die Brombeeren und die Bratensoße dazugeben und 2 Minuten köcheln lassen.

Anschließend vom Feuer nehmen, die geschlagene Sahne unterheben und die Rehschnitzel hineingeben. Nochmals leicht erwärmen und mit Hefeknöpfle servieren.

Wildbret

Hirsch-Cordonbleu mit Preiselbeer-Pfeffersoße

Ein Hirschsteak mit einer leckeren Pilzfüllung und einer raffinierten Pfeffersoße. Dazu gibt es Speckrosenkohl und Schupfnudeln.

200 g Champignons, 150 g Pfifferlinge, 50 g Stockschwämmchen, 2 fein gewürfelte Schalotten, 1 Teel. Butterschmalz, Salz, Pfeffer, 2 Eßl. gehackte Petersilie, 4 Hirsch-Steaks à 150 g (Rücken oder Oberschale), Fett zum Braten.

Für die Soße: 3 Eßl. Preiselbeermarmelade, 1/4 Liter Sassbachwaldener Spätburgunder trocken, 1 Teel. Kartoffelstärke, 1 Eßl. grüne Pfefferkörner, 1 Eßl. Crème fraîche, Salz, Pfeffer.

Sämtliche Pilze fein würfeln, die Schalotten in Butterschmalz anschwitzen, sodann die Pilze zufügen und so lange dünsten, bis keine Flüssigkeit mehr vorhanden ist, schließlich würzen und die gehackte Petersilie untermengen.

In die Fleischscheiben eine „Tasche“ schneiden, die Pilzfüllung hineingeben, eventuell mit einer Fleischnadel verschließen und würzen. Das Fleisch in steigender Butter von beiden Seiten je 4 Minuten bei mittlerer Hitze braten, dann aus der Pfanne nehmen und warm stellen.

Für die Soße die Preiselbeermarmelade in die Pfanne geben, mit Rotwein ablöschen und mit der angerührten Stärke abbinden, Pfefferkörner dazu geben, mit Crème fraîche verfeinern und mit Salz und Pfeffer abschmecken.

Die Cordonbleus auf einer vorgewärmten Platte anrichten, mit einem Teil der Soße umgießen, mit Speckrosenkohl, Schupfnudeln und der restlichen Soße servieren.

1. Rücken, 2. Ziemer, 3. Keule, 4. Blatt.

Wilddieb-Salat

eine köstliche Salatvariation für Wildliebhaber!

600 g Wildfleisch aus der Reh- oder Hirschkeule, 2 Eßl. Olivenöl, Salz, Pfeffer, 2 Eßl. Balsamicoessig, 2 Äpfel (Elstar), 150 g Crème fraîche, 3 Eßl. Preiselbeermarmelade.

Für den Salat: 1 Eßl. Weinessig, 2 Eßl. Sonnenblumenöl, Salz, Pfeffer, Zucker, 80 g Ackersalat, 2 Eßl. gehackte Walnüsse.

Das Wildfleisch in feine Streifen schneiden, in Olivenöl scharf anbraten, würzen, mit dem Essig ablöschen und in eine Schüssel geben.

Äpfel schälen, vierteln, in feine Streifen schneiden und zum Fleisch geben. Crème fraîche mit der Preiselbeermarmelade verrühren, über die Fleisch-Apfelmischung geben und mit dem Holzlöffel vorsichtig unterheben.

Für den Salat aus Weinessig, Öl und Gewürzen eine Soße herstellen und den gewaschenen Ackersalat damit anrichten. Sodann das Wildfleisch auf die Teller geben, mit den Salatblättern umlegen und den gehackten Walnüssen bestreuen.

Schwäbische Nachspeisen

Preiselbeermaultaschen

hier eine Maultaschenvariation, die so köstlich ist, daß man nicht genug davon bekommen kann!

Für den Teig: 175 g Quark, 120 g Mehl, 60 g Zucker, 1 Eigelb (Handelsklasse 2), Salz.

Für die Füllung: 750 g Preiselbeerkompott, je 1/4 geriebene Zitronen- und Orangenschale, 2 Eßl. Orangensaft, Zimt, 2 Eßl. Ahornsirup, 15 g Speisestärke.

Zum Panieren: 80 g Butter, 100 g Panierbrot, 1 Eßl. Puderzucker.

Zuerst aus den angegebenen Zutaten einen glatten Teig kneten, in Klarsichtfolie einwickeln und etwa 1 Stunde ruhen lassen.

Für die Füllung etwa 250 g Saft vom Preiselbeerkompott, den Orangensaft, die Zitronen- und Orangenschale, Zimt und Ahornsirup miteinander vermischen, Speisestärke mit Wasser anrühren und den Saft damit binden, dann die Preiselbeeren zufügen.

Nun den Teig auf einer bemehlten Fläche 3 mm dick ausrollen. Auf die Hälfte des Teiges in regelmäßigen Abständen kleine Preiselbeerhäufchen geben, Rand und Zwischenräume mit Eiweiß bestreichen, die andere Teighälfte darüberklappen, andrücken und runde Maultaschen ausstechen. Diese in leichtem Salzwasser 10 Minuten köcheln lassen.

Zum Panieren Butter in einem Topf schmelzen, Panierbrot und Puderzucker hineinrühren und schließlich die gegarten, abgetropften Maultaschen darin wenden, dann auf Desserttellern mit den verbliebenen Preiselbeeren und Haselnußeis servieren.

Eine Köstlichkeit – Maultaschen mit Preiselbeerfüllung.

Weingelee auf Pistaziensoße

durch das schrittweise Frierenlassen der Gelee- und Traubenschichten im Kühlschrank, ist dieses Rezept ein wenig zeitaufwendig, doch die Mühe lohnt sich!

Für den Weingelee: 4 Blatt Gelatine, 1/4 Liter Meersburger Weißwein, 120 g Zucker, Saft einer Zitrone, 200 g weiße und blaue Trauben.

Für die Pistaziensoße: 200 g Milch, 5 g Speisestärke, 1 Eigelb, 40 g Zucker, 100 g Sahne, 40 g kleingehackte Pistazien, 40 g Marzipanmasse.

Für den Weingelee die Gelatineblätter in kaltem Wasser einweichen. Den Weißwein, Zucker und Zitronensaft erhitzen bis sich der Zucker aufgelöst hat. Darin auch die ausgedrückte Gelatine auflösen, dann etwas abkühlen lassen.

Schichtweise den Gelee sowie die halbierten und entkernten Trauben in Förmchen füllen. Die einzelnen Schichten immer erst im Kühlschrank festwerden lassen, bevor die nächste eingefüllt wird.

Zum Anrühren der Speisestärke für die Pistaziensoße zunächst 3 Eßlöffel von der Milch mit dem Eigelb abnehmen, die restliche Milch mit Zucker, Sahne, Pistazien und der Marzipanrohmasse zum Kochen bringen. Unter kräftigem Rühren mit dem Schneebesen die Soße mit der angerührten Stärke abbinden, dann kurz mit dem Stabmixer pürieren und erkalten lassen.

Einen Soßenspiegel auf die Dessertteller gießen und den gestürzten Gelee darauf anrichten, eventuell mit geschlagener Sahne verzieren.

Pistazien

Schwarzwälder Creme

im Kühlschrank kaltgestellt, dann auf Teller gestürzt und mit Sauerkirschen serviert.

3 Blatt Gelatine, 1/4 Liter Milch, 1/4 Liter Vanilleschote, 3 Eigelb, 60 g Zucker, 1/4 Liter Sahne, 2 cl Kirschwasser, 30 g Schokoladenraspeln.

Die Gelatineblätter in kaltem Wasser einweichen. Die Milch mit der ausgekratzten Vanilleschote erhitzen, gleichzeitig die Eigelbe mit Zucker schaumig rühren und dann die heiße Milch durch ein Sieb auf diese Eigelbmasse passieren, dabei ständig rühren.

Über dem Wasserbad die Masse mit einem Holzlöffel so lange rühren, bis sie dick wird. Sodann die ausgedrückte Gelatine in der Masse auflösen und das Ganze unter Rühren abkühlen lassen.

Beginnt dann die Creme zu gelieren, werden Kirschwasser, Schokoladenstreusel und die steif geschlagene Sahne untergehoben (die Sahne immer zum Schluß!). Die Creme in Förmchen oder Moccatassen abfüllen und mindestens 1 Stunde kalt stellen.

Die Creme auf Teller stürzen und mit den abgebundenen Sauerkirschen umlegen.

Sieb zum Passieren

Schwarzbrotpudding

nach einem Rezept wie Oma es überliefert bekam – sie gab noch Rum und Rotwein dazu.

100 g geriebenes Schwarzbrot, 1/8 Liter Rotwein, 3 Eßl. Rum, 4 Eigelb, 100 g Zucker, 60 g feingewürfeltes Zitronat, 1 Messersp. Zimt, 30 g gemahlene Mandeln, 30 g Rosinen, Schnee von 4 Eiern.

Das geriebene Schwarzbrot anrösten, Rotwein und Rum darübergeben. Eigelb und Zucker schaumig rühren und die Rosinen, Mandeln, Zimt und Zitronat zugeben, zum Schluß abwechselnd Eischnee und das geröstete Schwarzbrot dazufügen.

Dann eine Puddingform ausfetten und mit Weckmehl ausstreuen. Die Masse in die Form geben und im Wasserbad 1 Stunde garen lassen.

Puddingform

Sauerkirschcreme

2 Blatt weiße Gelatine, 4 Blatt rote Gelatine, 250 g Sauerkirschen ohne Saft, 125 g Zucker, 200 g Sahne

Zunächst die Gelatineblätter in kaltem Wasser einweichen, die Sauerkirschen pürieren, Zucker zugeben und die Sahne steifschlagen.

Die ausgedrückte Gelatine mit 1 Eßlöffel Sahne auflösen, dann unter das Kirschpüree rühren und die geschlagene Sahne mit Hilfe eines Schneebesens unterheben. Anschließend die Masse in Förmchen füllen und mindestens 1 Stunde kalt stellen.

Danach die Creme auf Teller stürzen, mit kalter Vanillesoße umgießen und mit gehackten Pistazien bestreuen.

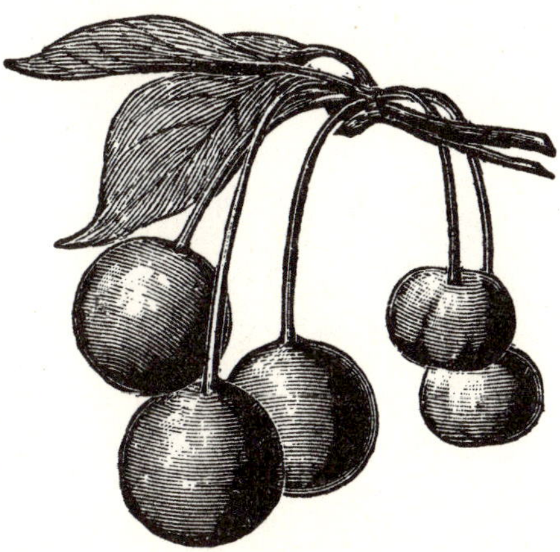

Sauerkirschen

Spätsommerfest am Neckar, Mitte 19. Jahrhundert

Gebackene Sauerkirschen in Weinteig

eine originelle Nachspeise aus der Gegend um Hagnau.

250 g Sauerkirschen, 75 g Mehl, 60 g Weißwein (Müller-Thurgau), 1 Eigelb, 10 g Vanillezucker, Zimt, Salz, 1 Eiweiß, 15 g Zucker.

Zunächst das Mehl in eine Schüssel sieben, den Wein, Eigelb und Gewürze zugeben, mit dem Schneebesen glattrühren und etwa 20 Minuten quellen lassen.

Das Eiweiß mit dem Zucker zu Schnee schlagen und kurz vor Gebrauch unter den Mehlteig heben.

Die gewaschenen und abgetrockneten Sauerkirschen am Stiel fassen, durch den Weinteig ziehen und in 180 Grad heißes Fett geben.

2–3 Minuten ausbacken bis der Teig schön hellbraun ist, dann mit einem Krapfenlöffel herausheben und auf Küchenkrepp abtropfen lassen. Mit Puderzucker bestreuen und auf Desserttellern mit Schokoladeneis anrichten.

Nonnenfürzla

kleine Krapfen in heißem Fett gebacken – offenbar ein Relikt aus dem klösterlichen Leben und nur in Schwaben unter diesem Begriff bekannt.

1/4 Liter Milch, 80 g Butter, Salz, 20 g Zucker, 250 g Mehl, 6 Eier, Fett zum Ausbacken.

Zuerst die Milch mit etwas Butter, Salz und Zucker aufkochen, dann Mehl auf einmal dazugeben und mit einem Holzlöffel so lange rühren, bis sich der Teig vom Topfboden löst. Die Masse etwas abkühlen lassen und mit einem Holzlöffel ein Ei nach dem anderen unterarbeiten.

Mit einem Teelöffel kleine Klößchen abstechen und schwimmend im heißen Fett goldgelb backen. Zum Schluß die Krapfen mit Apfelmus anrichten und dick mit Puderzucker bestäuben.

Krapfenlöffel

Schnetzenhauser Schneeballen mit Orangensoße

wie man Vanilleeiskugeln im Teigmantel bei 180 Grad goldgelb backen kann, zeigt dieses Rezept.

Für den Biskuitteig: 4 Eigelbe, 60 g Zucker, Salz, abgeriebene Zitronen- und Orangenschale, 2 Eiweiß, 50 g Mehl, 10 g Speisestärke.

Für die Schneeballen: 4 Kugeln Vanilleeis, 2 Eiweiß, 100 g Kokosraspeln.

Für die Orangensoße: 200 g frischer Orangensaft (von Blutorangen), 100 g Zucker, 1/2 abgeriebene Orangenschale, 2 cl Orangenlikör.

Für den Teig die Eigelbe mit einem Löffel Zucker, etwas Salz, sowie Zitronen- und Orangenschale cremig rühren. Eiweiß mit dem restlichen Zucker zu Schnee schlagen und die Eigelbmasse unter den Eischnee heben. Mehl und Speisestärke sieben und mit einem Holzlöffel langsam in die Masse hineinrühren.

Backblech mit Backpapier auslegen, die Masse mit einem Teigschaber 3–4 mm dick darauf verstreichen und bei 180 Grad 6–8 Minuten backen. Dann die Teigplatte auf ein leicht gezuckertes Tuch stürzen und das Backpapier abziehen.

Nun die Vanilleeiskugeln in den Teig einschlagen, danach in Eiweiß wenden, mit Kokosraspeln panieren und 1/2 Stunde in den Tiefkühlschrank geben. Anschließend in der Friteuse bei 180 Grad etwa 2 Minuten goldgelb ausbacken.

Für die Orangensoße auf Dessertteller gießen, die ausgebackenen Schneeballen daraufsetzen und mit Puderzucker bestreut servieren.

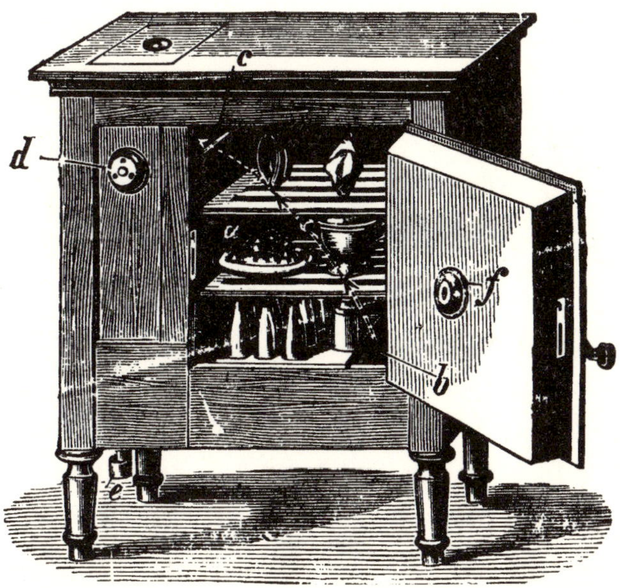

Eisschrank etwa 1870

Hutzelparfait auf Sauerkirschschaum

als Hutzeln bezeichnet man in Schwaben Dörrobst, meist Pflaumen, Birnen und Äpfel – hier als Eistorte auf Sauerkirschschaum serviert.

250 g Wasser, 200 g Zucker, 300 g gemischtes Dörrobst, 2 Eier, 1 Eigelb, 130 g Zucker, 1/4 Vanilleschote.

Für den Sauerkirschschaum: 1 Ei, 1 Eigelb, 60 g Zucker, 120 g Sauerkirschsaft, gehackte Pistazien.

Wasser mit dem Zucker aufkochen, das Dörrobst zugeben, 2 Minuten kochen, dann erkalten lassen.

Ei, Eigelbe, Zucker und ausgekratzte Vanilleschote über dem Wasserbad cremig schlagen, danach kalt schlagen. Die Vanilleschote entfernen, das abgetropfte Dörrobst beigeben und die geschlagene Sahne unterheben. Dann eine Kastenform mit Klarsichtfolie auslegen, die Masse einfüllen und für mindestens 3 Stunden in den Tiefkühler stellen.

Für den Sauerkirschschaum das Ei und ein weiteres Eigelb mit dem Zucker cremig rühren, dann die Schüssel ins Wasserbad setzten. Den Sauerkirschsaft der Eigelbzuckermasse beifügen und mit dem Schneebesen kräftig schlagen bis die Creme schaumig wird und das doppelte Volumen angenommen hat. Nun den Sauerkirschschaum auf Dessertteller gießen, das in Scheiben geschnittene Parfait darauf anrichten und mit gehackten Pistazien bestreuen.

Alte Obstdarre zum Dörren von Obst

Apfelspalten in Bierteig

goldbraun gebacken, in Zimtzucker gewendet und noch heiß mit Vanillesoße serviert.

2 säuerliche Äpfel (Glockenapfel).

Für den Bierteig: 100 g Mehl, 1 Ei, 1 Eigelb, 100 g helles Bier, 25 g Mineralwasser, 1/4 geriebene Zitronenschale, etwas Salz und Zucker.

Für die Vanillesoße: 1 Eigelb, 5 g Speisestärke, 1/4 Liter Milch, 1/4 Vanilleschote, 30 g Zucker.

Aus allen genannten Zutaten einen glatten Ausbackteig rühren und etwa 20 Minuten ausquellen lassen.

Für die Vanillesoße das Eigelb und die Speisestärke mit 2 Eßlöffel Milch anrühren. Die restliche Milch mit der ausgekratzten Vanilleschote und dem Zucker zum Kochen bringen.

Die Vanilleschote danach aus der Milch nehmen, die angerührte Speisestärke unter ständigem Rühren hinzufügen, die Soße mehrmals aufwallen lassen und schließlich kalt rühren.

Danach die Äpfel schälen, die Kerngehäuse ausstechen und in je 12 Spalten schneiden. Diese dann mehlieren, im Teig wenden und im Fritiergerät bei 180 Grad etwa 5 Minuten goldbraun ausbacken. Zum Schluß in Zimtzucker wenden und heiß mit Vanillesoße servieren.

Anstelle der Äpfel können Sie auch Erdbeeren nehmen.

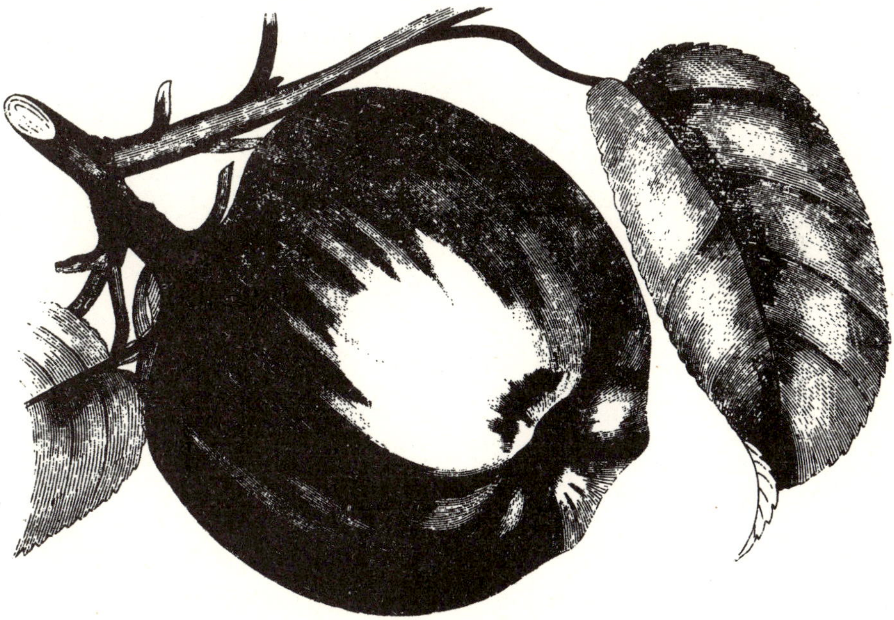

Glockenapfel

Ofenschlupfer

nach einem Rezept von Tante Hildegard. Man sollte ihn essen, wenn er noch warm aus dem Ofen kommt.

8 altbackene Wecken, 8 Äpfel mittlerer Größe, 4 Eßl. Rosinen, 50 g Zucker, Zimt.

Für den Guß: 6 Eier (Handelsklasse 3), 3/4 Liter Milch, 50 g Zucker, 2 Teel. Vanillezucker, 80 g zerlassene Butter, Butterflocken, Zucker zum Bestreuen.

Die Wecken in Scheiben schneiden, die Äpfel schälen, entkernen und ebenfalls in Scheiben schneiden.

Eine Auflaufform ausbuttern, lagenweise Wecken- und Apfelscheiben, sowie die Rosinen mit Zucker und Zimt einfüllen, dabei bilden den Abschluß immer die Weckenscheiben.

Für den Guß Eier mit Milch, Zucker und Vanillezucker verrühren, zerlassene Butter zugeben und über die Füllung bis zur obersten Lage gießen.

Die Butterflöckchen daraufsetzen und bei 180 Grad etwa 50 Minuten im Ofen backen.

Mit Zucker bestreuen und warm mit einem der Jahreszeit entsprechenden Kompott servieren.

Apfelknöpfle

aus Apfelschnitz und Mehlteig geformte Klößchen, die man gern zum Kaffee serviert.

1 kg Äpfel (Gloster), Fett zum Ausbacken, Puderzucker.

Für den Teig: 500 g Mehl, 1/4 Liter Milch, 1 Prise Salz, 3 Eier, 2 Eigelbe, 125 g Zucker.

Die Äpfel schälen, vierteln, entkernen und klein würfeln. Aus Mehl, Milch und Salz einen Teig rühren, die Apfelwürfel dazugeben.

Die Eier und Eigelbe mit dem Zucker verquirlen und unter den Teig mengen. Dann mit einem Teelöffel kleine Klößchen abstechen, schwimmend im heißen Fett goldbraun backen und mit Puderzucker bestreut servieren.

Selbsttätige Kaffeemaschine von 1890

Apfelwaffeln

aus dem Waffeleisen mit einem Teig aus marinierten Äpfeln auf die nicht nur Kinder ganz versessen sind.

250 g Äpfel, 90 g Zucker, Zimt, 2 Eßl. Calvados, 250 g Butter, 4 Eier, 250 g Mehl, 1 Teel. Backpulver, 1/2 Liter lauwarme Milch, 50 g gemahlene Walnüsse.

Die Äpfel schälen, entkernen und in feine Würfel schneiden, mit Zucker und Zimt vermengen, mit dem Calvados marinieren, und eine Weile ziehen lassen.

Die Butter schaumig schlagen und die Eier nach und nach hineinrühren. Das Mehl mit dem Backpulver mischen, sieben und abwechselnd mit der Milch zugeben.

Nun die marinierten Äpfel und die Walnüsse unter den Teig heben und im Waffeleisen ausbacken.

Die fertigen Waffeln mit Zimt und Zucker bestreuen und noch warm servieren.

Aus schwäbischen Backöfen

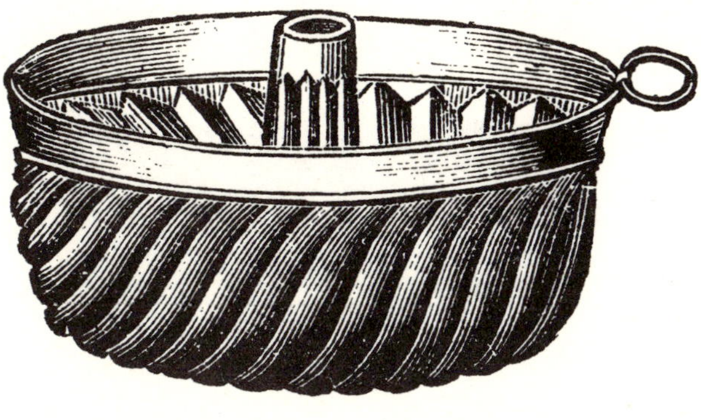

Spitzbüble

375 g Mehl, 250 g Zucker, 2 Eier, Gewürze, 250 g gemahlene Mandeln, 250 g Butter, 1 Päckchen Vanillezucker, Salz, Hagebuttenmark, Puderzucker.

Das Mehl auf ein Backbrett sieben, in die Mitte eine Vertiefung drücken, Zucker, Eier, Gewürze, Mandeln und die in Flöckchen geschnittene Butter darauf geben. Von der Mitte aus alles zu einem glatten Teig verkneten. Gut 1 Stunde kühl stellen.

Den Teig dann 3 mm dick ausrollen und mit drei verschieden großen und gezackten Förmchen Plätzchen ausstechen. Im vorgeheizten Backofen bei 180 Grad etwa 10 Minuten backen.

Die fertigen Plätzchen mit dem Hagebuttenmark bestreichen, terrassenförmig aufeinandersetzen und dick mit Puderzucker bestreuen.

Mehlmulde für den Teig

Husarenkrapfen

200 g Butter, 125 g Zucker, 1 Päck. Vanillezucker, 4 Eigelb, 250 g Mehl, 4 Teel. Himbeermarmelade

Die Butter schaumig rühren, Zucker, Vanillezucker und Eigelb, sowie das gesiebte Mehl dazugeben und alles zu einem glatten Teig verkneten.

Aus dem Teig kleine runde Krapfen formen, jeweils in die Mitte eine Vertiefung eindrücken und über Nacht stehen lassen.

Schließlich mit Eigelb bestreichen, jeweils in die Vertiefung Himbeermarmelade füllen und bei 175 Grad 20–30 Minuten backen bis die Krapfen hellgelb sind.

Husarenkrapfen

Hefezopf

500 g Mehl, 30 g Hefe, 70 g Zucker, 1/4 Liter lauwarme Milch, 65 g zerlassene Butter, 1 Ei, 1 Prise Salz.

Das Mehl in eine Schüssel sieben, in die Mitte eine Vertiefung hineindrücken, die Hefe hineinbröckeln, mit ein wenig Zucker, 5 Eßlöffel lauwarmer Milch und etwas Mehl zu einem glatten Vorteig anrühren, dann mit Mehl bestäuben, zugedeckt gehen lassen.

Anschließend die verbliebenen Zutaten dazugeben, den Teig zusammenkneten und so lange schlagen bis er sich von der Schüssel löst und Blasen wirft. Wieder zudecken und so lange gehen lassen, bis sich das Volumen verdoppelt hat.

Den Teig auf einer leicht bemehlten Fläche zusammenschlagen, in 3 Teile schneiden und zu Rollen formen, nebeneinanderlegen und von der Mitte aus zu den Enden hin flechten.

Anschließend auf ein gefettetes Backblech legen, zudecken und nochmals 15 Minuten gehen lassen, dann mit Eigelb bestreichen, mit Hagelzucker bestreuen und im vorgeheizten Backofen bei 200 Grad etwa 45 Minuten backen.

Zedernbrötle

375 g Zucker, 375 g geriebene Mandeln, 2 Eiweiß, Saft von 2 Zitronen.

Für den Guß: Puderzucker, Zitronensaft.

Aus den angegebenen Zutaten einen Teig kneten, auf einem gezuckerten Brett 4–5 cm dick auswellen, Halbmonde ausstechen und auf ein mit Backpapier ausgelegtes Blech legen. Einige Stunden trocknen lassen.

Anschließend bei 175 Grad 12–15 Minuten backen. Nach dem Erkalten mit Puderzuckerguß glasieren.

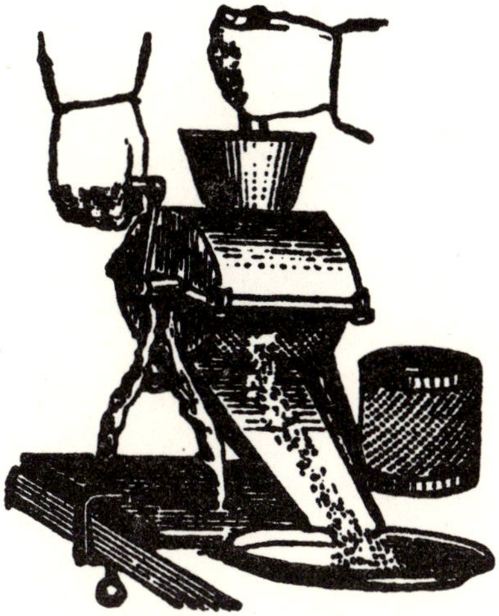

Mandelmühle

Stuttgarter Hutzelbrot

375 g getrocknete Birnenschnitze, 375 g gedörrte Zwetschgen, 375 g Feigen, 125 g Walnüsse, 1 kg Mehl, 40 g Hefe, 1 Teel. Anis, 2 Teel. Zimt, 200 g Zucker, 1 Teel. Salz, 1 Teel. Nelkenpulver, 3 Eßl. Kirschwasser, 150 g Zitronat, 50 g Orangeat, 125 g Sultaninen, 100 g Rosinen.

Die Birnen und Zwetschgen weich kochen und aus der Brühe nehmen. Die Zwetschgen entsteinen und mit den Birnen und den übrigen Früchten grob schneiden.

Aus Mehl, der lauwarmen Schnitzbrühe und Hefe einen Vorteig bereiten. Wenn dieser gut aufgegangen ist, sämtliche Zutaten hineingeben und tüchtig durchkneten. Den Teig zum Gehen warm stellen.

Sobald er Risse zeigt, Laibchen formen und auf dem Kuchenblech nochmals gehen lassen.

Anschließend bei 200 Grad etwa 1 Stunde backen. Nach der Backzeit mit Zuckerwasser bestreichen und nochmals kurz in den Ofen schieben.

Haselnußkuchen

250 g Margarine oder Butter, 5 Eier, 250 g Zucker, 1 Zitrone, 250 g Mehl, 1 Päckchen Backpulver, 1/8 Liter Milch, 250 g gemahlene Haselnüsse, Puderzucker.

Die Margarine mit dem Eigelb und dem Zucker schaumig rühren. Zitronensaft und Zitronenschale von einer halben Zitrone hinzufügen. Nach und nach Mehl und Backpulver hineinrühren.

Dann das zu Schnee verarbeitete Eiweiß, die Milch und die gemahlenen Haselnüsse dazugeben. Das Ganze noch etwa zwei Minuten rühren.

Den Teig in eine Gugelhupfform geben und im Ofen bei 200 Grad 45 Minuten backen, dann bei kleiner Hitze nochmals 15 Minuten. Sobald der Kuchen abgekühlt ist, Puderzucker oder ein Gläschen Rum darübergeben.

Haselnuß

Haferflockenbrötle

125 g Butter, 250 g Zucker, 2 Eier, 2 Messersp. Zimt, 250 g Haferflocken, 2 Eßl. Milch, 250 g Mehl, 1 Päckchen Backpulver.

Butter und Zucker schaumig rühren, Eier und Zimt dazugeben, verrühren, dann Haferflocken, Milch und zuletzt das mit Backpulver vermischte Mehl unterheben.

Den Teig einige Zeit ruhen lassen, dann 2–3 cm dick ausrollen und bei 180 Grad goldgelb backen.

Zum Schluß in Quadrate schneiden.

Getreidemähmaschine um 1900

Ulmer Brot

1 kg Mehl, 40 g Hefe, 1/4 Liter Milch, 1 Prise Salz, 200 g Butter, 2 Eier, 150 g gewürfeltes Orangeat und Zitronat, 1 Messersp. Anis, 1 Messersp. Fenchel, 1 Päckchen Vanillezucker, Fett fürs Blech, 1 Ei zum Bestreichen.

Zum Herstellen eines mittelfesten Hefeteiges das Mehl auf die Arbeitsplatte sieben, in die Mitte eine Grube eindrücken, dann mit etwas lauwarmer Milch die Hefe auflösen und in die Vertiefung gießen.

Diesen Vorteig mit einer Handvoll Mehl bedecken und auf die doppelte Größe anwachsen lassen.

Anschließend die restlichen Zutaten hineingeben und durchkneten und den Teig nochmals gehen lassen. Ein guter Hefeteig braucht Zeit!

Nochmals durchkneten und zu einem länglichen Laib formen. Diesen in der Mitte der Länge nach einschneiden.

Auf einem gut gefetteten Blech für 20 Minuten ruhen lassen, danach mit einem verquirlten Ei die Oberfläche einstreichen.

Schließlich im vorgeheizten Ofen bei 200 Grad 1 Stunde backen.

Käsekuchen ohne Boden

190 g Margarine, 375 g Zucker, 5 Eigelbe, 3 Pfund Magerquark, 100 g Grieß, 10 g Vanillesoßenpulver, 2 Teel. Backpulver, Eiweiß von 5 Eiern, Semmelbrösel.

Zunächst Fett und Zucker schaumig rühren, die Eigelbe dazugeben, weiterrühren, dann den Quark unterheben.

Anschließend Grieß, Vanillesoßenpulver und Backpulver vermischen und gut unter die Quarkmasse mengen. Nun das Eiweiß sehr steif schlagen und vorsichtig unter die Masse heben.

Eine Springform (24 cm Ø) gut fetten, mit Semmelbröseln ausstreuen und die Masse einfüllen. Dann bei 180 Grad etwa 60 Minuten backen.

Springform

Apfelkuchen „schnell gemacht"

Für den Teig: 450 g Mehl, 3 Teel. Backpulver 150 g Zucker, 225 g Margarine, 1 Ei.

Für den Belag: 1 kg Äpfel (z. B. Elstar), 2–3 Eßl. Rosinen.

Für den Guß: 2 Eier, 200 g Crème fraîche, 60 g Zucker.

Für den Teig die angegebenen Zutaten von Hand oder mit der Küchenmaschine verkneten. Den Teig in Folie eingewickelt gut 1 Stunde im Kühlschrank ruhen lassen. Eine gefettete Springform (24 cm Ø) mit dem ausgerollten Teig auslegen.

Äpfel schälen, vierteln, entkernen, auf dem Teig verteilen, die gewaschenen Rosinen darüberstreuen, Eier, Crème fraîche und Zucker gut verrühren, über die Äpfel gießen und alles bei 180 Grad etwa 50 Minuten backen.

Obstpflücker

Zwetschgenstrudel

1 kg Zwetschgen, 80 g Zucker.

Für den Teig: 250 g Mehl, 30 g Öl, 8 Eßl. lauwarmes Wasser, 1 Prise Salz.

Für die Füllung: 4 Eier, 20 g Puderzucker, 1 Teel. Zimt, 40 g Zucker, 60 g Mehl, 60 g Haselnüsse gemahlen.

Zum Bestreichen: 60 g flüssige Butter, 60 g Weckbrösel.

Zuerst die Zwetschgen waschen, entsteinen, halbieren und mit dem Zucker bestreuen.

Für den Strudelteig aus den angegebenen Zutaten einen glatten Teig kneten. 1/2 Stunde ruhen lassen. Dann den Teig auf einem bemehlten Tuch dünn ausrollen und über dem Handrücken hauchdünn ausziehen.

Die Eier trennen. Das Eigelb, Puderzucker und Zimt cremig schlagen, das Eiweiß kräftig anschlagen und dann den Zukker einrieseln lassen. Den Eischnee unter die Eigelbmasse heben, danach das gesiebte Mehl und die Haselnüsse, und zum Schluß diese Masse und die Zwetschgen vermengen.

Diese Füllung auf dem mit flüssiger Butter bestrichenen und mit Weckmehl versehenen Teig verteilen, dabei vorne 5 Zentimeter freilassen. Teig mit Hilfe des Tuches zu einem Strudel formen. Den Strudel auf ein gefettetes Backblech legen, mit etwas zerlassener Butter bepinseln und im vorgeheizten Backofen bei 200 Grad etwa 40 Minuten backen.

Danach mit Puderzucker bestreuen und warm mit einer Vanillesoße reichen oder auch kalt mit geschlagener Sahne.

Zwetschgen

Erdbeersahne

Für den Biskuitteig: 3 Eier, 90 g Zucker, 90 g Mehl.

Für die Erdbeermasse: 750 g Erdbeeren, 6 Eßl. Weinbrand, 9 Eßl. Zucker, 750 g Sahne, 2 Päckchen Vanillezucker, 13 1/2 Blatt Gelatine, davon 2 Blatt rote Gelatine.

Für den Biskuitteig die Eier schaumig schlagen, Zucker dazugeben und mindestens 10 Minuten weiterschlagen bis eine feste Masse entstanden ist, dann das gesiebte Mehl mit einem Holzlöffel vorsichtig unterheben.

Backform (28 cm Ø) mit Pergamentpapier auskleiden, den Teig hineingeben und bei 180 Grad 25 Minuten backen.

Nun die Erdbeeren pürieren, Weinbrand und Zucker dazugeben und miteinander verrühren. Anschließend die Sahne mit Vanillezucker steifschlagen, unter die Erdbeermasse heben, und die aufgelöste Gelatine gut untermischen.

Dann die Erdbeermasse auf den erkalteten Biskuitboden füllen und im Kühlschrank über Nacht fest werden lassen.

Tip für alle Sahnetorten: Backring vor dem Einfüllen der Masse einölen und mit Pergamentpapierstreifen auskleiden.

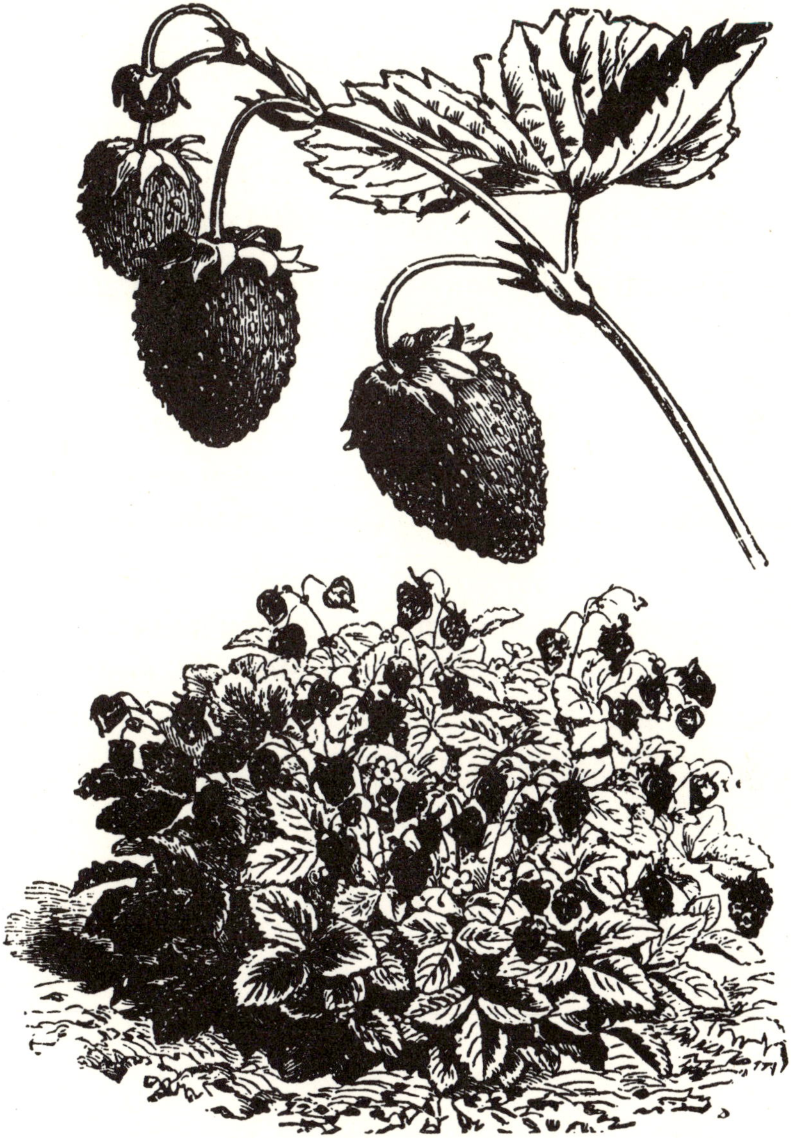

Erdbeerpflanze

Träubleskuchen

450 g Mehl, 3 Teel. Backpulver, 150 g Zucker, 225 g Margarine, 1 Eiweiß.

Für den Belag: 6 Eiweiß, 300 g Zucker, 150 g gemahlene Mandeln, 50 g Mondamin, 700 g Johannisbeeren.

Für den Teig die angegebenen Zutaten von Hand oder mit der Küchenmaschine verkneten. In Folie einwickeln und gut 1 Stunde im Kühlschrank ruhen lassen. Den Teig ausrollen und in einer flachen Backform (32 cm Ø) auslegen.

Für den Belag das Eiweiß steif schlagen, dann den Zucker langsam einrieseln lassen und weiterschlagen bis die Masse schnittfest ist. 1/3 des Eischnees beiseite stellen.

Mandeln, Mondamin und Johannisbeeren miteinander vermischen, unter die 2/3 des Eischnees heben und auf dem Teig verteilen. Zum Schluß den verbliebenen Eischnee gleichmäßig auf den Kuchen streichen. Im Ofen etwa 60 Minuten bei 180 Grad backen.

Statt Johannisbeeren eignet sich für diesen Kuchen auch Rhabarber sehr gut. Man benötigt 1 kg Rhabarber. Dieser wird geputzt und in 2 cm große Stücke geschnitten.

Wein aus dem Schwabenland

Natürlich spricht man vom Württemberger, wenn man schwäbische Weine meint. Bekannt geworden sind die Württemberger zu allererst durch ihre Rotweine, die den ausländischen, wie Kenner meinen, hinsichtlich Qualität in nichts nachstehen.

Hier sind es die 3 Rebsorten, die etwa die Hälfte der Rebflächen Schwabens bedecken, der Trollinger, Schwarzriesling und Lemberger. Es heißt, daß der Trollinger seine Bezeichnung von „Tiroler“ übernommen hat, in der Tat, es ist die gleiche Rebsorte, die in Südtirol Vernatsch heißt und aus der dort der „Kalterer See“ gewonnen wird.

Der Trollinger ist ein hellroter, leichter und süffiger Schoppenwein, den man eher als „roten Wein“ denn als Rotwein bezeichnen sollte. Diese Rebsorte wird nur in Schwaben angebaut. Der Trollinger ist früh abfüllfertig und hat wegen seines relativ geringen Körpers eine begrenzte Lagerfähigkeit von 2 bis 3 Jahren.

Der Schwarzriesling dagegen ähnelt dem Spätburgunder und ist ein farbkräftiger und voller Rotwein. Er bringt gute Durchschnittsqualitäten hervor mit nur leichtem Gerbstoffcharakter und mittlerer Säure. An die Spitzenqualitäten eines blauen Spätburgunders jedoch kommt der Schwarzriesling nicht heran, da ihm die fruchtige Ausprägung fehlt. Doch seine mittleren Qualitäten sind denen des Spätburgunders ebenbürtig und manchmal sogar überlegen.

Winzer im 18. Jahrhundert

Der Lemberger dürfte in seiner Geschmacksrichtung den französischen Rotweinen am ähnlichsten sein in Bezug auf kräftigen Körper, Fülle und Gerbstoffgehalt. Ein guter Jahrgang eines Lembergers aus guter Lage gehört mit zu den Spitzenerzeugnissen schwäbischer, aber auch deutscher Winzerkunst. Wenngleich man ihn auch noch im benachbarten badischen Kraichgau findet, ist der Lemberger ebenso eine schwäbische Spezialität. Seine Trauben und auch der Wein selbst reifen spät, deshalb läßt man Lemberger gern ein Jahr ausreifen.

Diese 3 Rotweine sind als die typisch schwäbischen Rotweine bekannt geworden, nirgendwo sonst trifft man sie in einem so großen Angebot. Aber auch Weißweine werden im Schwäbischen angebaut, ebenso von guter Qualität.

Ein Viertel der Weinberge ist mit Riesling bestockt. Wenn er auch hier nicht ganz die Qualität in Bezug auf Eleganz und Rasse den Rheingauer und Moselweinen entspricht, so überzeugt er durch Vollmundigkeit und volles Aroma.

Der Müller-Thurgau nimmt eine Anbaufläche von etwa 10 % ein. Er ist wegen seiner frühen Reife und Anspruchslosigkeit beim Winzer oder „Weinbauern" wie man in Schwaben sagt, sehr beliebt, bei den Weinfreunden wegen seines pikanten Muskatellergeschmacks, er „baut sich rasch aus".

Eine Schöpfung schwäbischer Weingärtner ist der Kerner, eine gelungene Neuzüchtung nach dem Kriege. Der

Entkämmen der Trauben

schwäbische Arzt und Dichter Justinus Kerner hat dieser Kreuzung aus Trollinger und Riesling seinen Namen gegeben. Der Kerner ist jedoch ein ausgesprochener Weißwein. Die Weine des Kerners sind Weine für den täglichen Konsum und gute Essensbegleiter. Sie sind rassig und kernig, wie der Weinkenner sagt, und besitzen einen leichten, kaum wahrnehmbaren Muskatton. Er nimmt etwa 10 % der schwäbischen Rebflächen ein.

In Schwaben sind es immerhin 26 000 Weingärtnerfamilien, die vom Weinanbau leben. Ein eigener Weinausbau ist jedoch wegen der geringen Produktion nicht ökonomisch. So werden über 80 % der Ernte in Weingärtnergenossenschaften verarbeitet und vermarktet. Abgefüllt werden Württemberger Weine zum größten Teil noch in der Literflasche, doch die 3/4 Literflasche dürfte in Zukunft verkaufsträchtiger sein.

Nicht nur an Neckar, Rems, Kocher, Jagst und oberer Tauber, sowie Murr, Bottwar und Enz wird Wein angebaut, sondern auch am Bodensee.

Hier liegen die höchsten Anbauflächen Deutschlands in einer Höhe von 400 bis 500 m und in Singen am Hohentwiel gibt es Weinberge bis zu einer Höhe von 570 m. In Meersburg, Immenstadt, Hagnau und Birnau enden die Rebflächen dicht an der Uferstraße. Aber auch im Hinterland sind einige Weinberge zu finden wie bei Markdorf und Bermatingen. Als Bodenseeweine sind besonders die Weißherbste bekannt, die aus der Spätburgunder Traube gewonnenen hellfarbigen Rosé-Weine von großer Rasse und

Treten der Beeren um 1880

Feinheit. Aber auch Weißweine kommen von hier, wie der feinfruchtige, elegante Müller-Thurgau.

Beerenpresse um die Jahrhundertwende

Eigene Rezepte

Eigene Rezepte